अजीत प्रकाश

First Published in March 2022

ISBN: 978-93-93388-55-1

BLUEROSE PUBLISHERS

www.bluerosepublishers.com

info@bluerosepublishers.com

+91 8882 898 898

Cover Design:

Muskan Sachdeva

Typographic Design:

Pooja Sharma

Distributed by: BlueRose, Amazon, Flipkart

अनुक्रमणिका

मेरी कलम से

एक दिन तो सोना ही हैं
क्यूना जगना सीख जाऊँ
मंजिल अभी बहुत दूर हैं
क्यूना चलना सीख जाऊँ
कुछ समय बाकी है
कुछ करना सीख जाऊँ

रात बनी हैं सोने के लिए
यह किसने कहा है
क्यूना इन रातो मे अपनी किस्मत
लिखना सीख जाऊँ
कुछ समय बाकी हैं
कुछ करना सीख जाऊँ

कुछ कर बैठूँ अपनी जिंदगी मे
यह ख़्वाहिश हैं मेरी
क्यूना इन ख्वाहिशों को
हकीकत में बदलना सीख जाऊँ
कुछ समय बाकी है

कुछ करना सीख जाऊँ

रात के अंधेरे मे जगना
मुझे पसंद नहीं
मुझे मेरे हालातों ने जगाया है
क्यूना इन हलातों से मैं
लड़ना सीख जाऊँ
कुछ समय बाकी है
कुछ कारण सीख जाऊँ

~ अजीत प्रकाश

***

खुशी ऐसी भी

आज सुबह सारथक अपने बिस्तर से जल्दी उठ गया, क्योंकि उसे आज अपने घर जाना है! वह बहुत खुश है! अरे भाई खुश भी क्यों ना हो उसने अपनी पढ़ाई जो पूरी कर लिया है।

सारथक L.L.B. की पढ़ाई करने के लिए दिल्ली आया, जो अब पूरा हो चुका है! वह अब अपने घर, अपने शहर, लखनऊँ जाने की तैयारी में है जिसके लिए उसने आनंद विहार से जाने वाली गाड़ी 'हमसफ़र' में रिजर्वेशन पहले ही करा लिया था जो शाम 5:10 min पर आनंद विहार स्टेशन से चारबाग स्टेशन के लिए जाने वाली है।

सारथक वहीं कालेज के हास्टल में रहता जिस वजह से उसकी काफी दोस्ती थी! लेकिन दोस्तो में भी कुछ खास होते है! जिनका जिक्र हम बाद में करेंगे फिलहाल हम उस वक्त चलते है जहाँ हम थे।

(अब तक आपको पता चल गया होगा कि मैं इतना ख़ुश क्यों हूँ। मैं यानी सारथक।)

मैं बिस्तर से उठते ही एक लंबी सी सास लेते हुए खिड़की के पास गया और प्रकृति सौंदर्य को देखने लगा जहा एक पेड़ पर चिड़िया का घोसला था, उस घोसले के ठीक बगल में एक चिड़िया जो अपने मुह में एक तील लिए हुए थी जिससे घोसले कि बुनाई कर रही थी।

आपने कभी महसूस जरूर किया होंगा कि जब कभी आप खुश हुए होंगे, तो आपको हर चीज अच्छी और सुंदर लगने लगती है! इस वक़्त वही मेरे साथ हो रहा था।

सुबह के सात बज रहे थे! और मैं खिड़की से पेड़ो की तरफ़ देख रहा था! कि मेरा फोन बजा, जो मेरे बिस्तर पर था! फोन घर से था| कॉल को रिसिव करते हुए मैंने कहा

"हेल्लो" और कुर्शी पर बैठ गया |

दूसरी तरफ से माँ की आवाज थी |

"अरे बेटा तैयारी हो गई है" मम्मी के आवाज मे एक खुशी की लहर दौड़ रही थी जैसे उनका बेटा कोई वनवास काट कर आ रहा हो|

"हाँ मम्मी सारी तैयारी हो गई है" मैंने तुरंत जवाब दिया।

"अच्छा ठीक है बेटा संभाल के स्टेशन जाना और पहुँचते ही कॉल कर देना " मम्मी ने कहा|

"हाँ ठीक है मैं कॉल कर दूंगा" मैं जवाब देते हुए फिर खिड़की की तरफ चला गया फिर से प्राकृतिक सौदर्य को देखने लगा | उस सौदर्य मे मैं अभी पूरी तरह डूबा ही था कि मम्मी ने कहा

"कब निकलना है वहाँ से" मम्मी के सवाल से मेरा मूड ऑफ हो गया (क्योकि मम्मी को मैंने एक बार नहीं करीब दस बार बताया है कि शाम की गाड़ी से आ रहा हूँ सुबह पहुँच जाऊँगा और तो और अभी कल ही बात हुई थी|)

"यार मम्मी एक ही सवाल कितनी बार पूछती हो, अभी कल ही तो बताया था कि शाम को गाड़ी है और मैं वहाँ कल सुबह पहुँच जाऊंगा" मेरा स्वर थोड़ा कडक था| इस जवाब से मम्मी हंसने लगी फिर उन्होने कहा

"हाँ हाँ मुझे मालूम है, मैं देख रही थी कि कहीं तू भूल तो नहीं गया है" उनका जवाब सूनकर मैं शौक मे आ गया और कुछ भी मैंने कहा नहीं

"जाते समय पापा से एक बार बात जरूर कर लेना" मम्मी ने आदेश देते हुए कहा|

मैंने सिर्फ "ह्म्म" कहा

“और हाँ कुछ खाने के लिए रख लेना ध्यान से, गाडी में किसी से बात मत करना कोई खाने के लिए दे तो मत खाना” मम्मी ने अपने वर्षो पुराने नियम को समझाते हुए कहा।

मैं भी मम्मी के साथ - साथ बोलता रहा “मैं किसी से बात नहीं करूंगा और कोई भी खाने को देगा तो नहीं खाऊँगा यार मम्मी तुमभी इतना परेशान झूठे हो जाती हो। मैं अब बच्चा नही रह गया हूँ” इतना कहेते हुए मैंने ज़ोर से सांस ली और खिड़की से पंछी को देख रहा था उसका घोसला लगभग तैयार था|

“हा हा मालूम है अब तुम बड़े हो गए हो। जब गाड़ी चलेगी तो फ़ोन कर देना”मम्मी ने कहा।

“ठीक है फोन कर दूंगा। अच्छा अब फोन रख रहा हूँ मम्मी” मैंने कहा|

“ठीक है और हाँ पानी का बोतल जरूर रख लेना। ट्रेन का खाना मत खाना” मम्मी ने फिर से समझाते हुए कहा|

अभी बात चल ही रही थी कि दरवाजे से खट-खट की आवाज आई।

“अच्छा मम्मी रखता हूँ। कोई आया है” पीछे मुड़ते हुए मैंने कहा।

“ठीक है बेटा” मम्मी ने कहा, और call कट हो गया।

मैं पीछे मुड़ा देखा सामने सुरेश खड़ा था। सुरेश उन खास दोस्तों में एक है जिससे इस अंजान शहर मे सबसे पहले दोस्ती हुई थी! हम दोनों एक ही रूम में रहते है। रूम नम्बर 127 जहाँ पढ़ाई के अलावा सारा काम होता था। हा.....हा...।

आइए पहले हम आपको ये बतायें कि कैसे इनसे मुलाकात हुई थी।

***

अनोखी मुलाकात

मैं एडमिशन के लिए जब लखनऊ से दिल्ली आ रहा था! सफर ट्रेन का था और मेरी सीट भी कनफर्म थी | दुनियाँ की सारी खुशी एक तरफ और ट्रेन मे सीट कन्फर्म होने की खुशी एक तरफ होती है | इस खुशी मे मैं डूबा हुआ था | उस वक्त मेरे सामने वाली सीट पे एक लड़का जो हाथ मे बुक लिए पढ़ रहा था, वह भले ही मेरे उम्र इतना ही था लेकिन स्वभाव से एकदम शांत और गंभीर था ! इतना शान्त और गंभीर आज तक इतनी कम उम्र के लड़के को मैंने नहीं देखा | मुझे बार - बार उसका यह स्वभाव कुछ अजीब-सा लग रहा था! खैर मुझे क्या मैं अपने सीट पर आराम से लेट गया तभी मेरी नज़र एक फ़ाइल पर पड़ी जो उस लड़के के सीट के नीचे गिरी हुई थी! तुरंत मैंने उस लड़के को कहा कि!

"सायद वो आपकी फाईल है जो नीचे गिरी है" उसने पहले तो मुझे घूरा जिसे देख मैं डर गया, मैं सोचा कही मैंने कुछ गलत तो नहीं कह दिया |

फिर उसने धीरे से फाईल उठाई और अपने बैग में रख चैन बन्द कर दिया! लेकिन उसने एक शब्द तक नही बोला उसके इस व्यवहार से मुझे बहुत गुस्सा आया|

आखिर मैंने उसकी मदद किया था, कम से कम Thanks तो बोल सकता था! लेकिन नहीं।

रात दस बज गया वो लड़का उस बुक में ऐसे डूबा था जैसे मानो कोई मिठाई चाशनी में पूरी तरह से डूबी होती है। ये सारी बातों को मैं साइड में करते हुए अपने आपको निद्रा में धकेलने के प्रयास में लग गया और कुछ ही देर बाद सफलता भी प्राप्त हुई,

मेरी आँख लग गई जो सीधा सुबह ही खुली।

सुबह जब मेरी आँख खुली तो देखा वो लड़का चाय पी रहा था साथ मे पूरी तरह से तैयार बैठा! सारे लोग अपने सीट पर बैठ चुके थे! लेकिन सिर्फ वो लड़का था जो तैयार बैठा हुआ था। situation को मद्दे नज़र देखते हुए मैं भी उठा और तुरंत तैयार हो कर सीट पर बैठ गया, क्योंकि एक घंटे बाद गाड़ी अपने मंजिल पर पहुँचने वाली है।

आनन्द विहार रेलवे स्टेशन पर जहाँ मेरे भईया मेरा इंतजार कर रहे थे। उन्होंने कई बार फ़ोन करके ये पता किया कि कहा है ट्रेन, ये हमारे मौसी के लड़के थे! जो बिल्कुल सीधे हमसे करीब दस साल के बड़े होंगे। इनके बारे में जानेंगे फिलहाल इनका नाम जान लीजिए,अभय नाम है।

गाड़ी आनंद बिहार पहुँच गई और अभी ठीक से रुकी नही थी! कि वो लड़का अपना बैग उठाकर पीठ पर टांग लिया उसके इस हरकत से मेरे मन मे कई प्रकार के सवाल उत्पन हो रहे थे ! लेकिन बाद में बस यह कह निष्कर्ष निकाला बेचारा गूँगा होगा।

सभी यात्री उतरने को तैयार हो गये! वो लड़का उठा अपना बाल सही करते हुए जाने लगा, जैसे ही उसने जाने के लिए अपना कदम बढ़ाया, एक पल रुक कर मेरी तरफ देखते हुए बोला " Thanks उस फाईल के लिए" इतना बोलते हुए वो चला गया! और मेरे दिमांग में अब पहले से भी ज्यादा सवाल तैरने लगे लेकिन उन सवालों का कोई जवाब नहीं था साथ मे भ्रम भी टूट गया कि वो गूंगा था |

इसके बाद मैं प्लेटफार्म पर उतरा सामने अभय भईया के जगह अरुन भईया दिख गए ! ये मेरे चाचा के लड़के थे, जो उम्र में ज्यादा बड़े नही थे, मात्र दो साल बड़े इसी कारण से हम दोनों भाई कम दोस्त ज्यादा है!

हम दोनों बचपन मे साथ ही घुमना, खेलना, बाग़ से आम चुराना, दूसरे के खेतों से गन्ना चोरी करना और गर्मियों के दिनों में छत पर पानी छिड़क बिस्तर लगा कर चिड़िया उड़ खेलना साथ मे अमावस की रात मे डरावनी कहानी सुनना जिसे भईया स्वयं सुनाते| ऐसे काम

की वजह से ही भईया हमको भाई कम, मित्र ज्यादा समझते है! इसीलिए वो हर बात को share करते है |

मैं सामने अरुन भईया को देख मुस्कुराते हुए उनके पास जाने लगा और अरुन भईया हाथ हिलाते हुए मेरे पास आने लगे, उन्होंने मुझे गले से लगाया, हम दोनों के चेहरे कि चमक बढ़ी थी इसलिए क्योंकि हमारी आखिरी मुलाकात करीब 2 साल पहले हुई थी।

हम दोनों ने एक दूसरे का हाल- चाल और बात चीत करते हुए मेट्रो के लिये निकल गए तभी मैंने कहा "अभय भईया नहीं आए"

"हाँ वो आचानक काम आ गया है फार्मेसी पर! इसलिए जाना पड़ गया! आओ अब चला जाये" अरुन भईया ने कहा मेट्रो के लिए चलते हुए।

"हा हा चला जाए" मैंने कहा उनके साथ चलते हुए।

हम दोनों वहाँ से चल पड़े जैसे मैं बाहर आया मैंने चारो ओर अपनी नज़र घुमाई देखा बहुत भीड़ थी, सामने ही मेट्रो स्टेशन था! लेकिन जाने के लिए रेलवे स्टेशन से ठीक बगल में ही एक पुल था! जो सीधा मेट्रो के लिए गया था।

अभय भईया और अरुन भईया दोनों ही पिछले एक साल से यही ग्रेटर नोएडा सेक्टर - 76 में रूम लेकर रहते और वही बगल में एक फार्मेसी में काम करते है मुझे इससे ज्यादा कुछ नही पता ।

मेट्रो पूरा भरा था जिस वजह से हमें खड़ा रहना पड़ा लेकिन कुछ देर बाद सीट खाली हुआ, जहाँ हम दोनों बैठ गए| उसके बाद मेरे सवालों का सिलसिला शुरू हुआ।

"आप लोग तो खूब मजा करते होंगे" मैने कहा मुस्कुराते हुए।

"क्यों ऐसा क्यों तुम्हे लग रहा है" भईया ने कहा|

"बस आप दोनों लोग रहते है इसलिए रोज पार्टी करते होंगे" मैने कहा फिर उसी अंदाज में।

"वो तो है। लेकिन हम तीन लोग रहते है" भईया ने कहा मेरे कन्धे पर हाथ रखते हुए।

"तीन लोग। हम तो सोचे बस दो लोग रहते है" मैंने कहा आश्चर्य से।

"नही नही तीन लोग रहते है" भईया ने कहा मुस्कुराते हुए।

कुछ देर बाद!

"ये तीसरा कौन है कालिया" मैंने कहा हँसते हुए। मैं उस वक्त पूरे मज़ाक के मूड मे था | आखीर भईया इतने दिन बाद मिले है तो मज़ाक मस्ती तो बनती है |

"मेरा दोस्त है सरकार। हम दोनों कानपुर में एक ही कॉलेज से फार्मेसी किये है" भईया ने कहा वो भी अपने अंदाज मे आ गए थे |

"अच्छा तो यह बात है। क्या नाम है आपके मित्र का" मैंने कहा अपनी दोनों आंखों कि भौवे ऊपर नीचे करते हुए।

मेरे इस अंदाज से अरुन भईया को हँसी आ गई। उन्होंने हँसते हुए कहा "धीरू कुमार नाम है"

"अच्छा यह भी आप लोगो के साथ काम करते है" मैने कहा भईया से सवाल पुछते हुए।

"हा हम एक ही साथ काम करते है" भईया ने कहा

"लेकिन गलत नाम है आपके मित्र का" मैंने कहते हुए अपने सर को नीचे कि तरफ कर लिया वो इसलिए ताकि भईया मेरी तरफ देखे |

"क्यू क्या हुआ" भईया ने तुरंत पूछा

"अगर नाम मे अंबानी लग गया होता तो आपके दोस्त इस देश के सबसे अमीर दोस्त होते" इतना कहते हुए मैं फिर हँसने लगा | साथ भईया भी हंसने लगे

"बात तो तुम सही कह रहे हो" भईया का जवाब | कुछ देर हम शांत थे |

....

“ओ हो अब मैं समझा” अचानक से मैंने कहा “आप लोग अपने दोस्तों को क्यों बुलाए है" यह कह कर मैं चुप हो गया साथ मे मुस्कुराये जा रहा था।

"क्यों-क्यों बताओ" भईया ने कहा अचानक से मेरी तरफ मुड़ते हुए।

"अरे आप सबको बुलाकर एक पार्टी का निर्माण करके सत्ता हासिल करना चाहते है। ताकि अगले मुख्यमंत्री आप हो। .... हाँ ... हाँ.." मैंने कहा हँसते हुए।

"हा हा क्यों नही जरूर बनेगा।... हाँ ... हाँ." भईया ने कहा हँसते हुए।

सारी बात चल रही थी! कि हमारे उतरने का समय हो गया जब मैं बाहर निकला भईया के साथ तो देखा कि सेक्टर- 72 लिखा था! तभी मैंने भईया से कहा चलते हुए "आपने बोला था, कि सेक्टर-76 जाना है, लेकिन यह तो सेक्टर-72 है। समझ मे नहीं आ रहा है, भईया जी।

"अरे पागल दिल्ली मेट्रो यही तक आता है उसके बाद सेक्टर-76 के लिए ऑटो पकड़ना पड़ता है" भईया ने कहा चलते हुए।

"अच्छा अब समझे। तो महराज आपको पूरी बात बताना चाहिए ना, हम तो सोचे कि कही पहले ना उतर गए हो" मैने कहा उनके साथ चलते हुए।

"मतलब कुछ भी" भईया ने मुस्कुराते हुए कहा।

हमने पूरी सड़क पार करके डिवाइडर को लांघ दिया, जहाँ से हल्का सा डिवाइडर टूटा हुआ था और वही से आदमी भी आ जा रहे थे! जल्दी के चक्कर में।

वहाँ पर ऑटो वाले सवारी के चक्कर मे ऑटो को एकदम डिवाइडर के सटे खड़े किए थे, ताकि कोई व्यक्ति आये तो पूछे कहा जाना है! हम लोग भी एक ऑटो में बैठ सेक्टर-76 के लिए निकल लिए। सेक्टर-76 पहुँचकर ऑटो से उतरते हुए, सबसे पहले ऊपर कि ओर देखा, देखते ही कहा "आपने तो कहा था कि इधर मेट्रो नही चलता है तो ये कैसा पुल है जो मेट्रो लाइन कि तरह है" मैन कहा आटो से

उतरते और ठीक उपर बने पुल को देखते हुए, उस समय मेरे चेहरे पर कोई भाव नहीं था |

"ये नोएडा मेट्रो है इसपे दिल्ली मेट्रो नही चलता" भईया ने कहा|

भईया के इस जवाब से मैं आशर्य था | क्योकि मैंने कभी नहीं सोचा था | कि नोएडा मेट्रो लाइन पर दिल्ली मेट्रो नहीं चल सकता, इसे आप कह सकते है छेत्रवाद हा हा ..... | खैर मुझे क्या मैं तो एक ही ट्रेन जानता हूँ जिसका नाम भारतीय रेल है जिसके लिए सभी जगह समान है|

"ओ हो ऐसा है, अब मुझे भी अपने गाव का मेट्रो बनाना है" मैंने कहा हँसते हुए |

भईया तुरन्त एक होटल में गये! वहाँ से पनीर की सब्जी, रोटी और चावल पैक कराकर रूम के तरफ चल दिये। रूम पर पहुचने के बाद तुरन्त मैं बाथरूम गया नहाने के लिए नहाने के बाद मैंने भईया से पूछा।

"अच्छा अभय भईया कब आएंगे" मैंने कहा तौलिये से सिर पोछते हुए |

"वो आठ बजे आएंगे" भईया ने कहा प्लेट में खाना निकालते हुए।

"अच्छा। क्यों एक प्लेट खाना निकाल रहे आप नहीं खाएँगे क्या" मैन कहा बाल झाड़ते हुए।

"मुझे अभी जाना है। मैं नही खाऊँगा" भईया ने कहा

"लेकिन कहाँ"मैन कहा।

"फार्मेसी पर" भईया ने कहा।

"कहाँ है आपका फार्मेसी"मैन कहा ।

"जिस सड़क से हम लोग रूम के लिए मुड़े है उसी सड़क पार ढेर सारी बड़ी - बड़ी बिल्डिंग थी वही पर" भईया ने कहा, भईया जल्दी में थे |

"अच्छा। इतना नजदीक है तब तो आराम से जाते होंगे। लेकिन अभय भईया इतना जल्दी क्यों और आप अब जा रहे है" मैंने कहाँ खाने के प्लेट को हाथ मे लेते हुए।

"वो दो शिफ्ट में चलता है ना। एक दस से आठ और दूसरा दो से ग्यारह बजे तक" भईया ने कहा|

"यानी अब आप ग्यारह बजे रात में आएंगे" मैने कहा खाना के एक निवाला मुह में रखते हुए।

"हा। भईया जल्दी आ जाएंगे। आराम करना होगा तो करना नही तो उस वाले टेबल पर लैपटॉप रखा हुआ है। movie देखना होगा तो देखना" भईया ने कहा टेबल के तरफ उंगली दिखाते हुए।

"नही नही मैं तो आराम ही करूँगा" मैंने कहा खाना खाते हुए।

भईया जाते - जाते बोले " कल कितने बजे जाना है" दरवाजे के पास खड़े हो गए।

"कल सुबह ग्यारह बजे से दो बजे के बीच मे कभी भी" मैंने कहा|

"ठीक है। कल मैं चलूंगा" भईया ने कहा।

मैं सिर्फ सिर हिलाया फिर अरुन भईया चले गए, खाना खाया और आराम करने के लिए लेट गया।

सबसे पहेले धीरु भईया आए | साथ मे कुछ खाने के लिए लाये थे | फिर अभय भईया का आगमन हुआ |

***

रात नौ बज गए अभय भईया आ गए साथ मे कुछ समान लिए हुए थे | जिसे देख धीरू भईया बोले " ये क्या है भईया"

"अरे वो खाना पैक करा लिए" अभय भईया ने कहा पैकेट धीरू भईया को थमते हुए।

"अरे भईया मैं भी लेते आया हूँ और खाना अरुन लाया था! जिसमे अभी भी बचा हुआ है" धीरू भईया ने कहा पैकेट पकड़ते हुए |

"चलो कोई बात नहीं, भाई आया है आज ज्यादा खाया जाएगा"

"अरे यार अरुन को माना करना पड़ेगा कही वो भी खाना ना लेते आए" अभय भईया ने कहा अपना जूता निकालते हुए |

अभय भईया तुरंत फोन लगाने लगे,

"हा भईया, नहीं तो बहुत खाना बर्बाद हो जाएगा" धीरु भईया ने कहा खाने के पैकेट को रखते हुए | अभय भईया ने एक बार call लगाया , दूसरी बार लगाया, कॉल नहीं लग पाया | जिसके कारण भईया ने कहा

"अभी टाइम है कुछ देर बाद ट्राई करूंगा" धीरु भईया ने संहमति देते हुए कहा "हम्म" और अपने सर को हाँ मे हिला रहे थे | जिस प्रकार से वो अपना सर हिला रहे थे उससे यह पता चल रहा था कि Whatsapp पर जो Hmm का प्रचलन चल रहा है, उसको शुरू करने वाले धीरु भईया है | साथ मे ये भी पता चला hmm का मतलब सिर्फ 'हा' नहीं होता इसका मतलब कि whatsapp पर जो भी hmm का मैसेज भेज रहा है वो सिर्फ 'हा' नहीं बोल रहा वो 'हा' के साथ अपना मुंडी (सर) भी हिला रहा है |

काफी कोशिशों के बाद भी फोन लगा नही "अभी समय है उसको आने मे, कुछ देर बाद ट्राई करता हूँ" ये कहते हुए अभय भईया बाथरूम चले गए |

वापस आते देखे कि अरुन भईया आ गए वो भी कुछ लिए हुए | जिसे देख अभय भईया "इका मरदवा आज जल्दी आ गईला" अरून भईया ने जवाब दिया

"हाँ भईया आज जल्दी आ भी गए हैं और कल कि छुट्टी भी ले लिए है" अरून भईया इस वक्त खाने का थैला मेज पर रख कर अपना जूता निकाल रहे थे |

"चलो अच्छा किए कि कल छुट्टी ले लिए, सारथक के साथ चले जाना" अभय भईया इस वक्त तौलिया से अपना मुँह पोछ रहे थे | तभी धीरु

भईया भी अंदर से आ गए और मैं अब बिस्तर से उठकर कुर्सी पर आ गया था | जो वही चौकी के पास था |

"हाँ भईया इसीलिए तो छुट्टी लिया हूँ, ये लो पकड़ो बे" अरून भईया ने धीरु भईया से कहा | उन्होने थैला पकड़ा दिया जो अभी मेज पर रखा था | जिस लहजे मे अरून भईया ने धीरु भैया से बात की, वैसा सिर्फ एक कॉलेज दोस्त ही कर सकता है, क्योकि उसमे इज्जत नाम कि कोई चीज नहीं थी |

"अबे तुमभी खाना लेते आए बे" धीरु भईया ने अपना हाथ सर पर रखते हुए बोले जिसे देख अरून भईया ने कहा "क्यू क्या हुआ"

"अरे यार मै और भईया भी खाना लेते आए"

"हाँ यार इसलिए ही तुमको कॉल कर रहे थे लेकिन लगा नहीं" अभय भईया ने कहा, अरून भईया मुस्कुरा रहे थे फिर कुछ देर बाद बोले "कोई बात नहीं आज ज्यादा खाना खाया जाएगा, भाई की आने के खुशी मे"

कुछ देर बाद हम लोग खाना खाने के लिए बैठे और धीरू भईया सारे खाने का पैकेट ला कर खोलना शुरू किये, सभी मे पनीर कि सब्जी निकली। "लगता है कि आज मार्केट मे सिर्फ पनीर की ही सब्जी मिल रही थी" धीरु भैया ने कहेते हुए एक हल्की मुस्कान दी जिसे देख अभय भईया ने कहा "आइसन काहे हो"

"देखिये न भईया सभी के थईला से बस पनीर के सब्जी निकाला है" धीरु भईया कहने से ऐसा लग रहा था कि आज सिर्फ पनीर ही मार्केट मे गिरा ही था और अभय भईया और अरून भईया से कहना चाहते थे कि पनीर के अलावा और भी कुछ लिया जा सकता था | तभी अरून भईया ने कहा "अबे ज्यादा दिमाग का दही मत कर, खाना निकाल सीधे से और जैसे तू त चिकन लेकर आईल बाटा तुमहू तो पानीरे लेकर आए हो ना"

"हाँ हाँ ठीक है" धीरु भईया ने पतली गली पकड़ने का फैसला किया और धीरे से खाना निकालने मे लग गए | कुछ देर के बाद अभय भईया ने कहा "वो सारथक को पनीर कि सब्जी बहुत पसंद है ना"

"ओहह ऐसा है" धीरु भईया ने कहा फिर एक पल रुक कर बोले "चलो अच्छा है, अनजाने मे सही भाई का मनपसंद चीज तो लेकर आया"

हम सभी खाने मे भीड़े हुए थे कि अचानक फिर से धीरु भईया ने कहा "अरे भईया फिर भी बहुत ज्यादा हो गया है "

"तुमको बहुत परेशानी है, लाओ बगल वाली आंटी को दे आऐ" अरून भईया ने यह बात कहकर जैसे धीरु भईया के एक अलग एक इंसान को जागा दिया हो, वो उस वक्त बौखला सा गए थे मुझे कुछ समझ मे नहीं आ रहा था

"नाहि रहे दा हम पूरा खा लेब और अगर ना खा पाइब त फेका जाई लेकिन आंटी के ना दियाई" धीरू भईया ने कहा और अरून भईया और अभय भईया हंसने लगे | उनके हंसी से ऐसा प्रतीत हो रहा था कि मानो कि धीरु भईया का पड़ोस वाली आंटी से जमता नहीं है |

खाना खाने के बाद सोने के लिए जब हम जा रहे थे। उससे पहले करीब आधे घंटे तक अरुन भईया से सवाल पूछ पूछ कर मैं परेशान कर दिया था और अरून भईया भी मेरे सवालो का जवाब बहुत अच्छे से दे रहे थे | क्योकि वो जानते है मैं कितना सवाल करता हूँ तभी मैं सवाल पूछते हुए एक दम शांत हो गया था जिसे देख भईया ने कहा "क्या हुआ तुम्हें अचानक" भईया को मैंने एक सांस मे उस ट्रेन वाले लड़के के बारे मे बताया फिर मैंने एक ही सवाल किया

"क्या दिल्ली मे ऐसे ही लोग मिलेंगे" स्वर मेरा चिंतित वाला था क्योकि बचपन से मैं ऐसे माहौल मे रहा हूँ जहाँ पर ऐसे लड़के से मेरी मुलाक़ात नहीं हुई थी |

भईया ने कहा "ऐसा कुछ नहीं है, दिल्ली बहुत खूबसूरत शहर है शुरुआत मे कुछ परेशानी होगी लेकिन ये शहर तुमने अगर अपना ली और तुम यहा के तौर तरीके सीख गए फिर बहुत मजा आएगा" भईया ने पूरे शहर की तारीफ़ बहुत ही ढंग से किया जैसे पूरा शहर मेरे आंखो के सामने आ गया हो |

"फिर वो लड़का" मैंने फिर से सवालो का काटा वहीं लाकर खड़ा कर दिया जिसको सुन कर अरून भईया ने एक झटके में कहा

"कुछ लोग होते है पागल, सो जाओ, कल चलना है"

***

दोस्ती की शुरुआत

अगली सुबह नौ बजे तक सभी लोग तैयार हो गए, जहाँ अरुन भईया मेरे साथ चलने के लिए तैयार थे! अभय भईया और धीरू भईया दोनों लोग अपने काम के लिए तैयार थे सभी लोग जल्दी मे थे |

मैं और अरून भईया जल्दी निकले क्योकि हमे दूर जाना था| समय तो हमारे पास भरपूर था, लेकिन फिर भी जल्दी निकले | अरे भाई शहर को भी तो जानना था तो जल्दी तो जाना ही पड़ेगा | भईया अपने आस – पास के लैंडमार्क दिखाते हुए चल रहे थे और साथ मे ये बताते जा रहे थे कि सिटी बस से कैसे आना है, टैक्सी से कैसे आना है और लास्ट मे मेट्रो की बारी थी, जिसे जानने के लिए मुझे भईया मेट्रो स्टेशन पर मैप दिखाये जो उस वक्त मुझे बिलकुल समझ नहीं आया| पता नहीं क्या कह रहे थे ब्लू लाईन, येल्लो लाईन, रेड लाईन, मुझे ये सब कुछ भी समझ नहीं आया, हाँ लेकिन एक चीज़ पता चल गया था कि राजीव चौक का मेट्रो स्टेशन सबसे बड़ा है |

अरून भईया ने भरपूर कोशिश की कि मैं समझा दूँ लेकिन मुझे कुछ भी पल्ले नहीं पड़ा, भईया ने मुझसे पुछते हुए कहा "समझ मे आया" मैंने कुछ भी जवाब नहीं दिया बस सिर हाँ मे हिला दिया | भईया भली भाति समझ गए कि इसको कुछ भी समझ नहीं आया | इसलिए भईया ज़ोर – ज़ोर से हंसने लगे मैंने तुरंत पूछा

"क्या हुआ भईया"

"अरे यार ई मैप आज तक हमे नहीं समझ मे आया और तुमको एक बार मे ही समझ आ गया, तुमतों बहुत जीनियस निकले" भईया ने कहा हंसी के साथ उनके साथ मैं भी हंसने लगा |

***

हम कॉलेज पहूँच गए, मुझे विश्वास नहीं हो रहा था कि मैं कभी दिल्ली जैसे शहर मे पढ़ूँगा, मेरे बचपन का सपना था कि मैं कही बाहर जाकर पढ़ूँ और हॉस्टल मे रहूँ जो अब पूरा हो रहा है, हालाकि कि मेरा सपना ये भी था कि मैं दिल्ली विश्वविद्याल मे पढ़ूँ लेकिन ऐसा नहीं हो सका | किस्मत ने मुझे प्राइवेट कॉलेज मे ला खड़ा कर दिया |

कॉलेज पहुँचते ही मुझे इतनी खुशी हो रही थी, जिसका कोई अन्त नहीं। अरे भाई खुशी हो भी क्यों ना मेरा बचपन का सपना था! कि मैं बाहर जाकर किसी कॉलेज में पढाई करूँ जो आज पुरा हो रहा था|

कैम्पस में जाते ही मेरा मन प्रसन्न हो गया। जहाँ कैम्पस के प्रांगण में लड़का लड़की ग्रुप में पढ़ाई कर रहे है, वही दूसरी ओर सड़को पर कुछ लड़कों का ग्रुप जो bike चला रहा है, और कैंटीन के पास तो मानो पूरा कॉलेज इकट्ठा है, सब मस्ती में एक दूसरे से वार्तालाप कर रहे थे, जो बिल्कुल फिल्मों की तरह था! ये सब मेरे लिए नया था, जो मैं बया नही कर पा रहा हूँ। ये सब मेरे लिए किसी सपने से कम नही था! क्योंकि इससे पहले मैंने जिस कॉलेज मे पढ़ाई किया, वहाँ सारी व्यवस्था तो थी! मगर ऐसी नही थी! मुझे अन्दर ही अन्दर बहुत खुशी हो रही थी।

सर्टिफिकेट वेरिफिकेशन करने के लिए मैं पूछते-पूछते उस क्लास तक पहूँच गया! जहाँ सारे बच्चे अपना-अपना सर्टिफिकेट वेरिफिकेशन करा रहे थे! और प्रोफेसर द्वारा एलाटमेंट लेटर दिया जा रहा था! वहीं बच्चे अपनी सीट पर इंतजार कर रहे थे! कि उनका अपार्टमेंट लेटर जल्दी से आये। मैंने देखा वहाँ पांच लोग लगे हुए है सर्टिफिकेट वैरिफ़ाई करने के लिए , जैसे एडमिशन नही, सीधा नौकरी दे रहे हो| हलाँकि मुझे फिर भी अच्छा लग रहा था और ये बात सोच मैं मुस्कुराया और अन्दर आने कि लिए परमिशन लिया। मैंने जल्दी से सर्टिफिकेट वेरिफिकेशन के लिए सर्टिफिकेट को जमा कर अपने बारी का इंतजार करने लगा! जिसके लिए मैं सीट के पीछे जाकर बैठ गया और नज़र इधर उधर घुमाने लगा।

उधर प्रोफेसर लोग अपने - अपने हिसाब से सर्टिफिकेट चेक करने में लगे थे! और हम बोर हो रहे थे|

तभी मेरी नज़र आगे वाले लड़के पर पड़ी जिसे मैं पहचान रहा था, सायद! उसकी आधी ही सकल दिख रही थी! जिसके कारण मुझे पहचान कर पाने में दिक्कत हो रही थी। मैं बार-बार उसको देखने का प्रयत्न कर रहा था! लेकिन देख नही पा रहा था। ये सारी प्रक्रिया चल रही थी तभी एक आवाज आई सुरेश शर्मा ये आवाज सुनकर वो लड़का हरकत में आया,वह खड़ा हुआ और बोला "Yes Sir" वो सर के पास जाकर apartment later लेकर जाने के लिए मुड़ा। उसका चेहरा देखते हुए! मैंने बोला "अबे ये तो वही ट्रेन वाला लड़का है" मैंने अभी उसको कल ही पागल कि उपाधि प्रदान किया और आज वही लड़का मेरा classmate बनने जा रहा है! यह सोच- सोच कर मैं मन ही मन मे हँस रहा और बोला "अच्छा तो इसका नाम सुरेश है। पढ़ने में तेज लग रहा है दोस्ती तो करनी पड़ेगी मेरे पढ़ाई के लिए अच्छा रहेगा।

यह सब सोच ही रहा था कि मेरा नाम बोला गया लेकिन मै पहली बार मे नही सुना, फिर एक बार मेरा नाम बोला गया इसबार मैं हड़बड़ा गया और हडबडाहट में मेरे मुह से भोजपुरी निकल गयी "हाँ गुरुजी" मैं भले ही लखनऊ मे रहता हूँ लेकिन आजमगढ़ का भाषा मेरा पीछा दिल्ली तक नहीं छोडी|

इसके बाद तो वहा जितने लड़के थे सभी मेरे ऊपर हँसने लगे। यह देख मुझे उस वक़्त गुस्सा बहुत आया मन ही मन सबको गाली दे रहा था और सोच रहा था कि अगर ये घटना अगर मेरे यहां होता ना तो मैं इन लोगो को छोड़ता नहीं। ये सोचते हुए मैं सर के पास गया और अपना एलाटमेंट लिया | फिर मुझे बताया गया कि आप आनलाईन फीस जमा कर दीजियेगा और उसकी रशीद आप ऑफिस में आकर जमा कर दीजिएगा। इसके लिए आपके पास दो दिन का समय है।

सारी बात सुनने के बाद मैं बाहर गैलरी में आ गया, बिना नज़र उठाये।

मै बाहर गैलरी मे ही था, कि पीछे से एक आवाज आई "काहो बाबू का हाल बा" मैंने पीछे मुड़कर देखा सामने वही लड़का था जो ट्रेन मे मिला था जिसका नाम मैं सुरेश सुनकर आ रहा हूँ मेरा दिमाग पहले से ही उस लड़के पर खराब था और वह हँस भी रहा था, जिससे मेरा पारा और चढ़ गया, उस वक्त मेरा गुस्सा सातवे आसमान पर था।

वैसे मैं बहुत ही सीधा हूँ| ज्यादा गुस्सा करने वाला लड़का नही हूँ, लेकिन जब अपने शहर या भाषा की कोई बेज्जती करे तो मैं छोडता भी नहीं हूँ | ऐसे ही एक बार जब मैं B.A. कि पढाई कर रहा था, तो गुस्से में पत्थर चला कर एक लड़के का सर फोड़ा दिया था जो मेरा सीनियर था।

सुरेश कि हँसी ने मुझे बौखला कर रख दिया " मजाक का हद्द होता है। अब नही छोड़ेंगे।चाहें कुछो हो जाए, वैसे भी इसके ऊपर तो कले से दिमाग खराब बा" ये सोचते हुए मैं सुरेश के पास जाने लगा उसे घूरते हुए।

सुरेश को समझ मे आ गया! कि लड़के को गुस्सा आ रहा है! इस वजह से उसने तुरंत अपनी हँसी मुस्कान में बदलते हुऐ कहा "अरे भाई काहे गुस्सा हो रहे हो मैं तुम्हारा मजाक नही उड़ा रहा, मैं तो बस इतना बताना चाहता हूँ कि मैं भी उधरे का हूँ, जिधर के तुम हो"

मेरा गुस्सा थोड़ा शांत हुआ। मैं समझ नहीं पाया कि वो कहना क्या चाहता है

"मतलब" मैंने अपनी दोनों आँखों के भौहों को सिकोड़ते हुए कहा

"भाई मैं भी भोजपुरी वाला हूँ" सुरेश ने कहा हँसते हुए।

ये सुनकर मेरे चेहरे पर हल्की सी मुस्कान आई और मैंने राहत कि सांस ली| “अच्छा तो ये बात है” मैंने कहा शांत भाव मे |

उससे बात करने पे पता चला कि वो आजमगढ़ का है। जहाँ मेरा भी गांव पड़ता है लेकिन मैं पिछले कई सालो से लखनऊ में रहता हूँ, जहाँ मेरे पिता जी सर्विस करते है और हम लोग यही बस गए। लेकिन

हमारा जुड़ाव हमेशा आज़मगढ़ से रहा क्योंकि हमारे जितने रिस्तेदार है, सभी वही रहते है।

लेकिन एक बात ध्यान देने वाली यह थी, कि जो लड़का मैंने ट्रेन में देखा और जो लड़का मैं अभी देख रहा हूँ, उसमे जमीन आसमान का फर्क है।

"अच्छा यार ये बताओ तुम इतना अच्छा बोलते हो। फिर काहे ट्रेन में इतना चुप-चाप थे। मम्मी ने मना किया था क्या किसी से बात मत करना" मैंने कहा हँसते हुए।

"ट्रेन में" सुरेश ने कहा अचंभित होते हुए।

"हा ट्रेन में " मैंने कहा

"तुम कैसे जानते हो मैं ट्रेन मे कुछ बोल नहीं रहा था |" सुरेश ने कहा

"अजीब हो भाई। तुम्हारे सामने वाली सीट पर मैं ही तो था। तुम्हारी फ़ाईल गिरी हुए थी, मैंने ही बताया कि आपकि फ़ाईल गिरी हुई है इसके बदले में तुम मुझे thanks भी बोले थे। भूल गए क्या" मैन कहा सुरेश को याद दिलाते हुए।

"अच्छा। वो तुम थे। ध्यान नही दिए होंगे" सुरेश ने कहा धीरे से।

"तो बताओ फिर क्यों चुप थे" मैंने कहा मुस्कुराते हुए।

"अरे भाई इतने उतावले क्यों हो रहे हो। आराम से, बता रहा हूँ। मैं समझ सकता हूँ, तुम क्यों परेशान हो" सुरेश ने कहा आगे बढ़ने का इशारा करते हुए। और हम धीरे धीरे चल पड़े |

कुछ दूर चलकर वो रुक गया और हाथो के इशारे से मुझे समझाते हुए कहने लगा "हमारी जो भारतीय माँ होती है ना, उन्हें लगता है कि जो दुनिया बुरा होने वाला है वो उन्ही के बेटे के साथ होने वाला है। इसलिए वो नियम बना देती है। जैसा कि ट्रेन का नियम, किसी से बात मत करना, कोई कुछ दे तो खाना मत वगैरा-वगैरा। और मैं ठहरा आज्ञाकारी पुत्र बस माँ के आज्ञा का पालन कर रहा था|... हा .. हा" सुरेश ने कहा हँसते हुए साथ मे मैंने भी ठहाका लगाया।

"मैं पागल नही हूँ सुरेश भाई। मेरी मम्मी भी हमको यही कहती | लेकिन मैं कभी इतना सीरियस नाही हुआ, यहा दाल मे कुछ काला है या पूरी दाल काली है" मैंने उसकी बात मान ली थी लेकिन फिर भी मजा ले रहा था |

मैं थोड़ा मुस्कुया और कहने लगा "तुम्हारी बाते सुनकर लगता है हमको भी आज्ञाकारी पुत्र बनना पड़ेगा" एक ज़ोर दार हँसी के साथ मैं ताली भी मार रहा था जिसमे सुरेश पूरा–पूरा साथ दे रहा था |

हम अब भी रुके ही थे और सुरेश उसी अंदाज़ मे बोलने लगा "मैं इतना भी आज्ञाकारी नही हु मित्र" इतना बोलने के बाद वह मेरे कंधे पर हाथ रखते हुए चलने लगा और मैं उसके साथ कदम से कदम मिलाते हुए | सुरेश के कहने का अंदाज़ मैं आज तक नहीं भूल पाया जैसे वो घोड़े कि लगाम पकड़े श्री कृष्ण हो और मैं धनुष पकड़े अर्जुन हम दोनों युद्ध क्षेत्र मे वार्तालाप कर रहे हो वो मुझे कृष्ण के भाति समझा रहा हो |

मैंने अपनी आंखें सुकड़ाते हुए कहा "मैं कुछ समझा नही मित्र" मैं भी उसी रंग मे रंगने लगा जैसे सुरेश रंगा हुआ था | ये कहते हुए मैं और सुरेश गैलरी से बाहर जा रहे थे। गैलरी पार करते ही एक बड़ा सा पिलर था! जिससे सटे एक दीवाल थी, जो काफी चौड़ी थी। सुरेश ने मेरा हाथ पकड़ा और उस दीवाल के पास ले जाकर हाथ छोड़ते हुए। अपने बैठ गया और कहा "बैठो मित्र मैं अभी समझता हूँ" सुरेश ने बोलते हुए मेरा हाथ पकड़ फिर कहा "अरे यार बैठो ना क्या सोच रहे हो"

और मैं ये सोच रहा था कि भईया मेरा इंतजार कर रहे होंगे जो बाहर काफी देर से खड़े है। लेकिन सुरेश कि बातों ने मेरे मन में जिज्ञासा उत्पन कर दिया था। काफी सोचने के बाद निष्कर्ष मैंने ये निकाला! कि थोड़े देर भईया को साइड करते हुए सुरेश के बगल में बैठ जाऊँ।

"तुम वहाँ मुझे देखे होंगे, मेरे हाथ मे एक किताब होगी जो मैं सारे रास्ते पढ़ रहा था" सुरेश ने कहा मेरी तरफ देखते हुए।

मैने अपनी नज़र उसके तरफ घूमाते हुए कहा "हाँ तो " ये बोलते हुए मैन अपनी आँखों की भौहों को तीन से चार बार ऊपर नीचे किया।

सुरेश हल्का मुस्कुराया और कहा "लेकिन तुम ये ध्यान नही दिए होंगे कि पूरे रास्ते मे मैने एक बार भी पेज नहीं पलटा" सुरेश के इतना बोलते ही मेरा दिमाग सन रह गया जैसे नीचे वाली दीवाल घिसक गई हो, मैं कुछ बोल पाता कि सुरेश ने कहा "जानते हो कभी कभी जो हम सोचते है वैसा होता नही और कभी कभी बिना कुछ सोचे ही बहुत कुछ हो जाता है" उसकी मुस्कुराहट और तेज हो गई।

मेरा दिमाग पूरी तरीके से हिल गया और सोच में ये था | कि पूरी किताब के एक पेज पर ऐसा क्या लिखा था जिसे समझने के लिए सुरेश को इतना समय लग गया कि हम लखनऊ से दिल्ली चले आए फिर भी समझ नहीं आया और अगर कुछ नहीं लिखा था तो 'ई साला एक पेज पर करत का रहल' सोचते सोचते मैंने आचानक कहा "अरे तेरी।मैं तो ध्यान ही नहीं दे पाया। लेकिन यार तुम बुझनी मत बुझाओ जल्दी से बताओ पूरी बात" मैंने कहा सुरेश से उस पिलर से अपनी पीठ को टेक लगाते हुए।

उसने अपने दोनों पैर ऊपर दीवाल पर मेरी तरफ अपने आपको पूरी तरह घुमा दिया और बोला "तुम एक चीज़ और ध्यान नही दे पाये" सुरेश ने कहा समझाने के लिए अपने हाथों का प्रयोग करते हुए।

"क्या यार दिमाग खराब कर दिये हो तुम, पहले इतिहास के छात्र थे क्या" मैंने कहा परेशान होते हुए।

मुझे परेशान देख उसने एक लम्बी मुस्कान देते हुए बोला "अरे जनाब आपने ये ध्यान नही दिया, कि अपने पीछे वाले सीट पर एक लड़की थी, जो चुपके चुपके मुझे ही देख रही थी, और मैं किताबो के पीछे से उसे" ये सुनते ही मेरा मुँह खुला रह गया। सुरेश ने मेरे गाल पे हाथ फेरते हुए कहा "अब समझ मे आया"

"अब तो हमको पूरी तरह से समझ मे आ गया है" मैंने कहा अपने स्वभाव में थोड़ा बदलाव लाते हुए।

सुरेश दीवाल से नीचे उतरा साथ मे मैं भी और उसने अपने हाथों की उंगलियों का प्रयोग करते हुए अपने आँख को दिखाते हुए बोला "ये चील की आंखे है सब कुछ देख लेती है" और फिर जोर से हँसने लगा और मैं भी।

हम दोनों हँसते हुए बाहर जाने लगे तभी मैंने कहा "अरे यार ये बताओ। अपनी चील के आँखों का इस्तेमाल करके सिर्फ उसको देख कर, अपना पेट भरे हो कि दिमाग का इस्तेमाल करके नम्बर भी लाये हो" मैंने कहा मुस्कुराते हुए।

"हमारी किस्मत इतनी अच्छी कहाँ" सुरेश ने कहा। थोड़ा सा रुका और फिर कहा "उसके नम्बर के लिए तो पहेले निकला लेकिन उसके साथ उसकी पूरी फैमिली थी" सुरेश ने अपने माथे पर हाथ मारते हुए कहा।

"लेकिन एक बात मानना पड़ेगा, तुम तो खिलाडी निकले। आज से हम तुमको गुरु मान लिए" मैंने कहा अपना सिर झुका कर सम्मान देते हुए जैसे किसी गुरुजी को सम्मान दिया जाता है।

उसके बाद हम दोनों हँसते हुए बाहर आ गए। जहाँ भईया मेरा इंतजार कर रहे थे। मैंने सुरेश को भईया से मिलवाया और बोला "ये वही लड़का है, जो मुझे ट्रेन में मिला था! और ये हमारे शहर का है" भईया बहुत खुश हुए कि चलो कोई मिल गया इसको दोस्त | वो भी अपने शहर का।

हम दोनों ने उसी वक्त फैसला किया कि हॉस्टल मे हम दोनों एक ही रूम में रहेंगे।

तो भईया हमारी दोस्ती कि शुरुआत ऐसे हुए थी। एक अनोखी मुलाकात के साथ एक अनोखी दोस्ती।

***

आँखों मे आँसू

अब हम चलते है जहाँ आँशुओ कि धारा बह रही थी। मतलब वहाँ चलते जहाँ सुरेश मेरे सामने दरवाजे के पास खड़ा है उसकी आँखे हल्की सी नमी के कारण भीग गई थी। मैंने उसपे ध्यान नही दिया लेकिन हा इतना जरूर ध्यान दिया , कि उसका चेहरा उदासी से छाया हुआ था।

मैंने कंबल अपने हाथों में उठाते हुए कहा "अबे दरवाजा काहे खटखटा रहे हो बे और मुहवा काहे गिराये हो" उसने मेरे बातों पर कोई प्रतिक्रिया नही दिया वो सिर्फ अपने नज़रो को झुकाये खड़ा था। ये देख मैंने कम्बल वहीं छोड़ सुरेश के पास गया और बोला "क्या हुआ बे। काहे इतना उदास हो" सुरेश कुछ परेशान लग रहा था! लेकिन कुछ बोल नहीं रहा वो सीधे आगे कमरे में बढ़ने लगा। ये देख मैं कुछ समझ नहीं पा रहा था और तुरन्त मुड़ते हुए कहा "अबे कुछो बताओगे, और तुम अपना बैग काहे नही पैक किये" इतना बोलते हुए मैं सुरेश के पीछे आया।

सुरेश अपने चौकी के पास जाके बैठ गया, मैं उसके पास जा कर खड़ा था उसने मेरा हाथ पकड़ा और बैठने को कहा मैं उसके बातों पर ध्यान देते हुए उसके बगल में बैठ गया।

"जानते हो सारथक अब हमारी पूरी ज़िंदगी बदलने वाली है" सुरेश कहेते हुए अपनी नजरो को चुरा रहा था ताकि उसके आँशू मझे ना दिख जाए। उसके इस बर्ताव से मैं अचंभित था! क्योंकि इससे पहले कभी भी सुरेश को इतना भाऊक नहीं देखा। सुरेश ने अपनी उंगलियों के प्रयोग कर अपनी आँशुओ को इस तरह से पोछने का प्रयास किया, कि मैं देख ना सकू लेकिन वो इस काम मे सफल नही हो पाया। मैंने उसको आँशू पोछते हुए देख लिया|

“अबे तुम्हारी तबीयत तो ठीक है ना” मैंने कहा उसके सिर पर हाथ रखते हुये।

मैं ये चेक कर रहा था, कि उसे बुखार तो नही|

उसने पहले मेरे हाथों को पकड़कर नीचे करते हुए बोला “नही यार। अच्छा ये बताओ तुम्हारी गाड़ी कितने बजे है” सुरेश ने हल्के मुस्कान के साथ कहा|

“अबे पहले ये बता तू! गया कहाँ था और तुम्हे घर नही जाना क्या” मैंने कहा अपने हाथों को हवे में लहराते हुए।

“अबे कही नही बस पूरा हॉस्टल का चक्कर लगाने गया था” सुरेश ने मेरे कन्धे पर हाथ रखते हुए कहा।

मैंने पहले तो उसका हाथ हल्के से हटाया और फिर खड़ा होकर उसके तरफ अपना चेहरा करते हुए मुड़ा, अपना बाया हाथ उसके कन्धे पर रखकर थोड़ा मुस्कुराया फिर अपना दाया हाथ अपने माधे पर हल्का हल्का मारते हुए कहा “मैं कोई पागल नही हूँ” फिर पूरी तरह खड़ा हो गया और कहा “वो तो तुम रोज जाते हो। इसमें नया क्या है” मैंने कहाँ अपने चौकी पर बैठते हुए।

सुरेश हल्का सा भाउक हो गया और कहा “आज कुछ खास है मेरे भाई। आज हमारा हॉस्टल का लास्ट दिन” ये कहते हुए सुरेश खड़ा हो गया और अपने दोनों हाथों को एक दूसरे के सामने लहराते हुए मुझे समझा रहा था! और अपनी आंखों को बडी बडी करते हुए कहा “समझो मेरे भाई! आज के बाद सायद हम कभी ना मिले, अगर मिल भी गए तो ये ज़िन्दगी ऐसी नही रहेगी” फिर से सुरेश अपनी जगह पर वापस चला गया और धीमे स्वर में कहा “ज्यादा से ज्यादा हम मिल पाएंगे। लेकिन पूरा हॉस्टल नहीं मिल पायेगा जो हम लोग यहाँ समय बिताये वो नहीं आ पाएंगा” उसकी ये बाते सुनने के बाद मैं सोचने पर मजबूर हो गया और मैं हल्का सा पीछे के तरफ घिसका अपनी पीढ़ को टेक लगाने के लिये पीछे दिवाल का सहारा लिया और सुरेश की बातों को ध्यान से सुनने लगा। सुरेश ने अपनी बातों को जारी रखते हुए बोला “इसलिए मैं अन्तिम बार सबके कमरे में जाकर मिलकर

सबसे गले मिला हूँ और साथ मे भविष्य के शुभकामनाएं दिया हूँ।अब सिर्फ तुम बचे हो" ये कहते हुए सुरेश फिर से खड़ा हो गया और अपनी दोनों बाहें फैला कर बोला "आओ साले गले लग जाओ। अब हम मिले ना मिले"

मैं सुरेश को इस मुद्रा में देखते ही तुरन्त खड़ा होकर गले मिल गया और साथ मे ये कहा "हम मिलेंगे दोस्त जरूर मिलेंगे" मैंने कहा गले लगते हुए।

हम दोनों वापस अपने अपने चौकी पर विराजमान हो गए, वही सुरेश मेरी बातों पर हल्का सा मुस्कान देते हुए कहा "I Hope तुम्हारी बात सच हो और हम मिले" सुरेश ने कहा |

"मतलब हम कभी नही मिलेंगे" मैंने कहा आश्चर्य से सवाल पूछते हुए। इस सवाल पर सुरेश ने हल्की मुस्कान दी |

"अच्छा एक बात बताओ। तुम्हारा कोई इंटर में दोस्त था जो तुम्हारा Best Friend रहा हो" सुरेश ने मुझसे सवाल किया।

"हाँ" मैंने तुरंत जवाब दिया |

"क्या नाम था" सुरेश ने फिर सवाल किया।

"कार्तिक नाम था" मैंने कहा

"हा तो तुम कार्तिक को कितने बार call करके हाल चाल लेते हो, वो छोड़ो ये बताओ तुम उसको कितने बार याद करते हो" सुरेश ने कहा गंभीर स्वर में।

उसकी ये बात सुनकर मैं सहम सा गया, क्योंकि उसके एक भी सवाल का जवाब नही था। मेरा चेहरा एक दम उदास हो गया, मेरी नज़रे नीचे हो गई। जिसे देख कर सुरेश मेरे पास आकर मुस्कुराते हुए मेरे कन्धे पर हाथ रख कुछ बोल पता कि मैंने कहा "ये मैंने कभी नही सोचा"मैने कहा उदास मन से।

"ये ज़िन्दगी है दोस्त। इसकी रफ्तार नापने का कोई यन्त्र नही बना है। यह बहुत कुछ सिखा देती है" सुरेश कुछ रुकते हुए फिर कहना

शुरू किया "हम लोगो ने जितना इस हॉस्टल में मस्ती, गलतियां और बदमाशियां किये है, वहीं जीवन भर याद आता रहेगा और बुढ़ापे में अपने नाती-पोतों को कहानियां सुनाएंगे। फिर मुस्कुराते हुए एक बात बोलेंगे क्या वो दिन थे" सुरेश ने कहा मेरे कंधे से अपना हाथ हटा कर, दो कदम पीछे होते हुए और साथ में मुड़ कर अपने दोनों हाथ ऊपर के तरफ फैलाकर ऊँचे स्वर में बोलना शुरू किया "इसलिए तुम उदास मत हो, इस आख़री पल को ऐसा जिओ कि ये हॉस्टल भी तुमपर नाज़ करे और इसकी दीवालें बोल पड़े कि हा कोई लड़का था, जो इसी कमरे में रहता था" सुरेश ने अपने हाथों को नीचे कर लिया और आवाज भी धीमे करते हुए बोला "हमलोग उदास हो कर नही, हँसते हुए बिदा लेंगे"।

उसकी बातों ने तो मुझपे जादू सा कर दिया और मैंने मन ही मन मे एक फैसला किया। ऐसे नही विदा लेंगे कुछ अलग करते है। ये सोचते हुए सुरेश को बिना कुछ बताये मैंने उसका हाथ पकड़ कर सीधा राजीव के कमरे में गया।

राजीव उन खास दोस्त में एक हैं हम तीनों कि दोस्ती तो पूरा क्लास मानता था! कहते थे, कि दोस्ती हो तो इन तीनो कि तरह, जो एक दूसरे का बेज्जती करने में पीछे नहीं हटते है और अगर तीसरा कोई इनको कुछ बोल दे तो तीनों मिलकर उसको सबक सिखाते है। ऐसी थी हमारी दोस्ती और राजीव ही वो लड़का जिसके पास गाड़ी होने के कारण हमें दिल्ली जैसे शहर में गाड़ी चलाने का मौका मिला जो हमने नही सोचा था। अरे भाई गाड़ी भी ऐसी वैसी नही Yamaha Rx थी। आवाज सुन समझ जाते थे लोग, कि तीनों हॉस्टल में आ गए, उसकी आवाज हमारी पहचान बन गई थी। लेकिन राजीव के नाम का गाड़ी था! उससे चलते तो मैं और सुरेश थे।

"अबे राजीव गाड़ी कि चाभी दे" मैंने कहा सुरेश का हाथ छोड़ते हुए।

राजीव जो अपने पैकिंग में लगा था, उसने अपने टेबल पर रखी चाभी को उठाकर मेरी तरफ उछाल कर फेकते हुए कहा "अबे सालो आज कहा जा रहे हो" राजीव कहेते हुए हम लोगो के पास आ रहा था।

मैंने चाभी को कैच किया और बोला "अभी आते है तो बताते है" इतना बोलते हुए मैं bike के पास गया उसे स्टार्ट किया पीछे सुरेश को बिठाया और मार्केट के तरफ चल दिया।

मैंने कभी नहीं सोचा था! कि बिदाई में हम दोनों का हालत ऐसा हो जाएगा! विशेष कर मेरा।

सायेद इसलिए मुझे एहसास नही था! क्योंकि हमारे जूनियर द्वारा farewell party दो महीने पहले दे दिया गया! और हम उस वक़्त हँस रहे थे। लेकिन अब जा कर एहसास हो रहा है कि बिछड़ने वाले है हम।

सुरेश bike के पीछे वाली सीट पर बैठ बार-बार ये पूछ रहा था कि "हम जा कहाँ रहे है" सुरेश ने कहते हुए अपने दोनों हाथों से मेरे कंधे को हिलाया।

"अबे हम लोग चल रहे है केक लाने" मैंने कहा एक हाथ bike के एक्सीलेटर पर और दूसरे हाथ से सुरेश को बताते हुए।

"केक" सुरेश ने कहा अचानक से जैसे अचंभित कोई होता है ।

"अबे अब तुम बोल दिए हो तो हँसते हुए हॉस्टल से बिदा लेंगे" मैंने कहा अबकि बार दोनों हाथ bike के हैंडल पर था।

सुरेश मेरी बात सुनकर बोला "अबे इतना idea लाते कहा से हो बे, चलो अच्छा है भाई, कुछ नया होगा, मजा आएगा लेकिन यार इस समय ताजा केक नही मिलेगा भाई"

"नही मिलेगा तो देखा जायेगा पहले चला तो जाए" मैंने कहा और एक्सीलेटर ऐठते हुए सीधा बेकरी की दुकान पर रोका, उस दुकान का नाम था आयुषी बेकर्स जहाँ हम लोगो ने करीब एक घण्टे से ऊपर रूक के एक बड़ा सा केक लेकर चल दिए।

***

केक तो हम ले आए और आते समय मेरी नज़र उस दुकान पड़ी, जो हमारे हॉस्टल के बगल में है जहाँ हर शाम को सुरेश गुरु बनता, मैं और राजीव शिष्य जहाँ ऐसी ऐसी ज्ञान कि बाते हमे बताते जो सायद इतिहास में ना हो, वो एक अलग ही इतिहास हमे बताता, जब वो बाबा का प्रसाद अपने हाथों से होठों पर ले जाकर एक लंबी सांस खिंचता और हवे में धुंए का एक गुब्बारा छोड़ता।फिर मंद मुग्ध होकर हर हर महादेव बोलते हुए, वो हमें महादेव के बारे में पूरा उजागर करता। उसकी महादेव के प्रति इतनी भक्ति थी कि वो हर महाशिवरात्रि के दिन अपने हाथों से गाँजे के पत्तो को रगड़ कर महादेव को चढ़ाता। लेकिन उसका सेवन नही करता मैंने एक बार पूछ भी दिया कि "तुम करीब दो से तीन घंटा इस पत्ते को रगड़ते हो फिर पेस्ट बना कर धतूरा, दूध, बेर के साथ इसे चढ़ाते हो लेकिन इसका सेवन नहीं करते क्यों"

पहले तो उसने मुस्कुराया और फिर उसकी मुस्कुराहट हँसी में बदल गई कुछ देर हँसते हुए बोला "अगर मैं भी गाँजा, भाँग पीने लगा तो मेरे और महादेव में क्या अंतर रह जायेगा वैसे वो देवो के देव महादेव है जिनकी बराबरी आज तक किसी देव ने नही कि तो मैं इन सब चीजों का सेवन कर उनकी बराबरी करूँ ऐसा नहीं होता कि महादेव की भक्ति दिखाने के लिए उनकी बराबरी कि जाए, अरे वो तो सृष्टि की रचना किए थे" वो महादेव कि प्रसंसा करते जा रहा था । तभी बीच मे मैं बोल पड़ा

"तो काहे सिगरेट पीते हो" मैंने कहा सवाल पूछते हुए।

"अबे ये महादेव का प्रसाद थोड़े है वो तो मैं वैसे ही बोलता रहता हूँ, ये तो मैं बीमार ना हो जाऊं इसलिए पीता हूँ" सुरेश ने अपने ज्ञान को बताते हुए बोला।

"अच्छा गुरु जी ऐसी बात है" इस बार राजीव बोला "लेकिन ये बीमारी कैसे ठीक करता है" राजीव ने सवाल पूछते हुए कहा।

"अबे बीमारी ठीक थोड़े ना करता! बीमार हो ना जाऊँ इसलिए समझे! वो क्या है कि जब इसका धुंआ अन्दर जाता है तो पूरा

बैक्टीरिया मार देता है जिससे हम बीमार नहीं होते" सुरेश ने कहा बड़े शान से अपना ज्ञान देते हुए।

अरे भाई शान से बताये भी क्यों ना, ये बाते तो मेडिकल साइंस वालों को भी नहीं पता था। जिसको सुन हम दोनों के पैरों के नीचे से ज़मीन खिसक गई क्योंकि इतना बड़ा ज्ञान तो आज तक नही बताया गया था! जो हमे अब जाकर मिल रहा| हमें तो बचपन से यही बताया गया था कि तंबाखू स्वाथ के लिए हानिकारक है।

हम दोनों ने ये ज्ञान सुनने के बाद अपने सर पर हाथ रख लिया, जिसे देख सुरेश बोला "मैं तो कहता हूँ तुम लोग भी एक बार ट्राई करो, मजा आएगा" सुरेश ने अपनी सिगरेट को हमारी तरफ बढ़ाते हुए बोला।

"नहीं नहीं तुम ही मजा लो" मैं और राजीव साथ मे बोले।

फिर सुरेश सिगरेट वापस अपने मुँह में रखते हुए बोला "मुझे क्या, अब तुम लोग नही समझ रहे हो मेरी बातों को" उसकी ये बातें सुन मैंने राजीव के तरफ मुँह करके कहा"समझे राजीव! हमारे देश की मेडिकल साइंस काहे पीछे हैं" मेरी ये बात सुनकर राजीव तुरन्त मुड़कर बोला "क्यों-क्यों" इस क्यों का जवाब देते हुए मैंने कहा "क्योंकि हमारे मेडिकल साइंस के पास ऐसे साईटिस्ट नहीं है" सुरेश के तरह इशारा करते हुए मैंने कहा|

उसके बाद हम तीनों हँसने लगे।

तो सुरेश जी का ज्ञान कैसा लगा अरे ये तो ट्रेलर है इससे भी कई खतरनाक

खतनाक ज्ञान दिए है, ये हमे गाँजे को मला कैसे जाता है यह भी सीखा चुके है इनकी सबसे बड़ी विशेषता ये है कि अगर आप गलती से राजनीति के बारे में पूछ लिए। तो भईया आजादी के पहिले से लगाये अब तक कि राजनीति क्रिया उनके जुबान पे होती उसमे कई नेता तो गाली भी खा जाते थे। लेकिन गाली के साथ साथ वो सभी नेताओं का सम्मान ये कह कर देता था। कि "कुछ तो बात है, उस बंन्दे मे

जिसको इतने लोग पसंद किए। आखिर हीरो ही है" और एक मुस्कुराहट के साथ कहता "हमे कोई हक नही उन्हें गाली देना का"

***

ये दुकान अब्दुल चाचा की थी। ये नाम तो आपने कई बार सुने होंगे अगर नहीं सुना तो इसका मतलब ये है कि आप T.V. बहुत कम देखते है। अब्दुल चाचा एक हिन्दू थे। इनका नाम नाईक लाल था, जो हमारे क्षेत्र मऊ जिले के थे। इनका नाम अब्दुल किसने रखा यह रहस्य अभी भी बना हुआ है। लेकिन हाँ क्यों पड़ा ये सबको मालूम है, उनकि दाढ़ी की वजह से, उनकी दाढ़ी बिल्कुल अब्दुल चाचा की तरह थी जो हल्की सी नीचे से सफेद हो चुकी थी। उनकि चाय पूरे आस पास के क्षेत्र में फेमस थी और साथ ही हमारा पूरा हॉस्टल उनके चाय का दीवाना था। और इनका नाम भी हमारे हॉस्टल के एक लड़के ने ही रखा था जो कई साल पहले लेकिन उस लड़के के बारे में कुछ नही पता। अब्दुल चाचा का नाम हमारे हॉस्टल में एक प्रथा कि तरह चला आ रहा था जो पीढ़ी दर पीढ़ी इस प्रथा को निभा रहे थे। उसी प्रथा को निभाना हमारा कर्तव्य बन चुका था जिस कारण हम भी उनको अब्दुल चाचा ही कह कर बुलाते थे, और मजे कि बात ये है कि वो इस नाम से बहुत खुश थे।

अरे भाई खुश भी क्यों ना हो यही तो हमारे देश कि खूबसूरती है जहाँ सभी धर्मों के लोग एक दूसरे के साथ मिलजुल कर रहते है लेकिन ये हमारा दुर्भाग्य भी है कि कुछ पूंजीपति और राजनीतिक पार्टियां अपने फायदे के लिए धर्मो का उपयोग कर जनता को भड़काती है। खैर वो बात छोड़िए। अब्दुल चाचा कि दुकान को देख मैंने bike को उनके दुकान पर रोकते हुए बोला

"चलो आज आखिरी बार चाय पी लेते है" मैंने कहा सुरेश को bike से उतरने का इशारा करते हुए।

"सही बोल रहे हो बे। अइसा है भटवा को भी बुला लिया जाए" सुरेश ने कहा bike से उतरते हुए।

सुरेश राजीव को भटवा कह कर बुलाता था और बदले में राजीव सुरेश को गुरुआ बुलाता था।

"सही बोल रहे हो call करो। बुलाओ उसको" मैंने कहा, सुरेश ने call किया लेकिन उसका फोन उठा नही। इसी प्रकार से उसने दो बार फिर call किया, उसका फ़ोन नही उठा लेकिन चौथी बार मे उसने फ़ोन को उठाया।

उसका फोन उठते ही सुरेश हल्का सा आगे बढ़ थोड़ा झुका और बोला "अबे भटवा साले फोन तुम्हारा काहे नही उठता है बे" सुरेश कि ये बात सुन राजीव ने कहा "अरे उ बहरे रहनी ना यही से फ़ोन के आवाज नही सुनाई देहले। का हुआ काहे परेशान हो" राजीव ने कहा

"सब छोडो। जल्दी से अब्दुल चाचा की दुकान पे आ जाओ और हाँ पैसा लेलेना" सरेश ने कहा बेंच पर बैठते हुए जो वही पास में था जहाँ सभी लोग चाय पीने के लिए बैठते है जो बिल्कुल स्कूल में यूज़ करने वाला बेंच था।

"अच्छा ठीक बा। अब फोनवा रखबा तब ना आई" राजीव बोलते हुए फोन काट दिया।

अब देखने वाली बात यहाँ यह है कि राजीव मध्यप्रदेश का था जिसे भोजपुरी सीखाने का पूरा दायित्व सुरेश को जाता है जो इस प्रकार से हुआ। जब सुरेश राजीव पर गुस्सा करता तो उसे भोजपुरी में गाली देने लगता जिसे वह ठीक से समझ नही पाता फिर उसका मतलब हमसे पूछता। उसके बाद राजीव जवाब देता। इसीप्रकार से उसने पूरी भोजपुरी सीख लिया। गाली में तो मास्टर हो गया है।

मैं और सुरेश बेंच पर बैठे हुए राजीव का इंतजार कर रहे थे, तभी अब्दुल चाचा चिल्लाते हुए बोले "कहो बचवा का हाल बा" ये कहते हुए वो हमारे बगल में आये अपनी चाय कि केतली लिए हुए, जहाँ एक आदमी को चाय देना था और चाचा चाय देते हुए बोले "आज तुहार गाड़ी बा ना" चाचा ने कहा मुस्कुराते हुए।

"हाँ चाचा। इसलिए सोचे एक आखरी बार चाय पी लिया जाय" मैंने कहा

“सही बा अभिये हम स्पेशल मलाई मार के दो कप चाय लेकर आवत हई” चाचा ने कहा जाते हुए।

“नही चाचा पांच मिनट रूक के” सुरेश ने कहा चिल्लाते हुए।

“ठीक है” चाचा ने कहा

इतने में पीछे से ही आवाज आई “अबे सालो अकेले अकेले चाय पी रहे हो” आवाज कुछ जानी पहचानी सी लग रही थी। मैंने पीछे मुड़ कर देखा आवाज अर्जुन की थी। अर्जुन हमारे ही हॉस्टल का था जो थोड़ा गरम मिज़ाज और भौकाली लड़का जिसे अपनी तारीफें सुनना बहुत पसंद और इसका सम्पर्क कुछ सीनियर लड़को से जिससे वह नेता की तरह रहता था। सबसे बड़ी बात ये कही पास के ही जगह का था जिससे उसकी पहचान भी अच्छी खासी थी, जिस वजह से उसके आगे पीछे लड़को की टोली रहती थी। लेकिन हमारी उससे बात नही होती थी। इसका कारण ये था कि एक बार एक क्रिकेट मैच में जो हमारे हॉस्टल में ही हो रहा था जिसमे एक विकेट पर बहस हो गई जहाँ मैं बोल रहा था आउट नही है और वही अर्जुन बोल रहा था कि आउट है इसी पे बात बढ़ते बढ़ते बढ़ गई जिससे हमारे बीच जम के झगड़ा हो गया। बात बढ़ा नही होता लेकिन अपना नेता गिरी करते हुए उसने गाली का प्रयोग करके बात करने लगा जिस वजह से मुझे गुस्सा आया और मैंने उसका कॉलर पकड़ लिया, उसने मेरा हाथ छुड़ा मुझे पीछे धकेल दिया जिसे देख राजीव और सुरेश दोनों ने अर्जुन को पकड़ लिए और मैं उठते ही उसे कई थप्पड़ मारते हुए उसे ज़मीन पे गिरा दिया। वो गुस्से में आकर धमकी तो दिया लेकिन आज तक कुछ नहीं कर पाया इसका कारण आप को बाद में पता चलेगा। और हाँ सुरेश जब सुबह सबसे मिलने गया था तो अर्जुन से नही मिला था।

अर्जुन कहते हुए हमारे पास आया पीछे से राजीव भी आया। पास आते हुए अर्जुन ने कहा “आज कॉलेज का आखरी दिन है कम से कम आज तो बात कर लो” अर्जुन ने हमारे पास बेंच पर बैठते हुए कहा।

पहेले तो मैं और सुरेश एक दूसरे को देखे फिर हँसने लगे, हँसते हुए सुरेश ने अब्दुल चाचा को आवाज देते हुए बोला "चाचा चार चाय गरमा गरम" उसकी ये बात सुन मैंने कहा "नही चाचा पांच चाय" ये सुन सब हैरान रह गए। सुरेश ने पूछा "पाँचवा चाय किसके लिए" मैंने जवाब देते हुए बोला "पाँचवा चाय चाचा के लिए"

सब लोग हँसने लगे और राजीव भी आ गया था उसने आते ही केक के पैकेट देख पूछा "ये क्या है बे"

"केक बा! हॉस्टल में सबके साथ काटल जाई" सुरेश ने कहा

उस वक्त राजीव ने केक देखने के लिए पैकेट उठाया लेकिन सुरेश मना कर दिया। लेकिन राजीव तो राजीव है, मना होने के बाद भी वो केक देखने के लिए पैकेट उठा लिए |

"सही बात है। जाते-जाते एक बार और मस्ती कर लिया जाए" अर्जुन ने मुस्कुराते हुए कहा जिसे सुन सभी ने मुस्कुराया और राजीव ने केक का पैकेट सुरेश को थमा दिया। सुरेश ने पैकेट को पकड़ते हुए सामने बेंच पर रखते हुए कहा "साले हमको काहे थमा दिए हो, सामने बेंच पे नही रख पा रहे हो" सुरेश ने कहा जिसे सुन राजीव बोला "नाहि रखब। अगर हमार बस चले तो तुहरे कपारे पे रखी" राजीव ने कहा।

इसीप्रकार से सभी एक दूसरे कि टांग खिंचाई कर रहे थे पिछली बाते याद करके हँस रहे थे उसमे अर्जुन भी अपनी बातें बताते हुए खूब मजा ले रहा था पूरा हँसी का माहोल था तभी अचानक मैंने कहा "अर्जुन एक बात बताओ यार बीच मे तुम्हारी bike माईलेज नही दे रही थी"

मेरी ये बात सुन राजीव सुरेश दोनों मेरी तरफ देखते हुए हँसने लगे और अर्जुन सर्विसिंग वाले मिस्त्री को गाली देते हुए बोला " साला सही से सर्विस कर नही पा रहा था और बोल रहा था आपके bike में तेल नही है। मैं तो कई दिनों तक परेशान था लेकिन कुछ दिनों बाद अपने आप सही हो गया" हम तीनों को देख अर्जुन ने कहा "अबे तुम लोग क्यों हँस रहे हो"

मैंने हँसते हुए कहा "वो इसलिए कि तुम्हारी गाड़ी का पेट्रोल राजीव और सुरेश, रात में चोरी करते थे" मैंने कहा, सुरेश और राजीव जोर जोर से हँस रहे थे

पहेले तो अर्जुन थोड़ा शांत था लेकिन फिर वो अफसोस जताते हुए बोला "बेचारा मिस्त्री हमसे केतना गाली खा गया" फिर हम चारो हँसने लगे।

तब तक चाचा चाय लिए आ गए, सभी लोग चाचा के साथ ही चाय पिया गया और सुरेश अपना बाबा का प्रसाद अपने होठों पे रख जलाया और पीते हुए उसने अर्जुन के तरफ बढ़ाते हुए बोला "ये लीजिये" अर्जुन ने सिगरेट को पकड़ते हुए बोला "लाओ बहुत दिन हो गया"

उसके बाद हम सभी लोग उठे और मैंने पैसे निकाले अब्दुल चाचा को देने के लिए देखा दो हाथ और पढ़े है पैसों के साथ। एक अर्जुन जो सौ रुपये लिए था और एक सुरेश जो पांच सौ का नोट लिए था। चाचा ने हमसे पैसे ये कहते हुए टाल दिया कि "आखिरी चाय मेरे तरफ से" ये कह कर चाचा मुस्कुराते हुए चले गए।

हम हॉस्टल के लिए वापस आने लगे देखा कि राजीव बार बार अपना जेब चेक करते हुए वो थोड़ा परेशान था तभी मैंने पूछ दिया "क्या हुआ काहे परेशान हो" मेरे सवालों का जवाब देते हुए राजीव ने कहा "अबे पांच सौ का नोट लाये थे लगता है कही गिर गया" राजीव कहते हुए हम लोगो के साथ कदम से कदम मिलाये चल रहा था जिसे देख सुरेश मुस्कुराये जा रहा था। जो bike से धीरे-धीरे चल रहा था, उसके बाद सुरेश ने अपनी bike का स्पीड बढ़ाते हुए केक लिए हुए चला गया।

कुछ समय बाद हम लोग हॉस्टल के गेट पर पहुँचने वाले थे कि सामने सुरेश खड़ा होकर एक पांच सौ का नोट दिखा रहा था।

यह वही नोट था जिसे कुछ देर पहले सुरेश ने अब्दुल चाचा को देने के लिए बढ़ाया था।

सुरेश गेट से पाँच सौ दिखाते हुए बोला “ये भटवा कही ई वही नोट त नही जो गिर गवा है” सुरेश ने कहा चिल्लाते हुए।

उसकी ये बाते सुन राजीव एक झटके में सारी बात समझ गया और वो सुरेश के तरफ तेजी से दौड़ते हुए बोला “अबे साले गुरुआ आज नाही छोड़ब तोहके” राजीव को देख सुरेश भी भागने लगा और हम दोनों हँसने लगे तभी सुरेश कि आवाज आई “अब नाहि मिली”

नोट तो राजीव के पहूँचते ही सुरेश ने उसके जेब से निकाल लिया था |

***

साला गुलाब चोर

छुट्टी होने कारण हॉस्टल के ज्यादा तर लड़के चले गए थे सिर्फ बीस से पच्चीस ही लड़के बचे थे। कुछ देर बाद हम केक कटने को तैयार थे और राजीव ने सभी लड़को को क्रमशः बुला दिया था|

तभी अचानक मैंने कहा सुरेश से "अरे सोनू चाचा को बुलाओ" मेरी बात सुन सुरेश तुरन्त सोनू चाचा को बुलाने के लिए गया यह कहते हुए "अरे हाँ यार"।

सोनू चाचा जो हमारे हॉस्टल के गार्ड है उनका घर यही हॉस्टल के ठीक बगल में जो कॉलोनी है वही पर है, और उनकी ड्यूटी कभी रात में तो कभी दिन मे लगती थी। उनका व्यहार बहुत ही सरल और एक पितातुल्य था। घर नजदीक होने के कारण वो हॉस्टल में अपना समय ज्यादा बिताते, फिर चाहे उनकी ड्यूटी हो या ना हो |

हॉस्टल के प्रांगण में एक सुन्दर सा क्यारी था जिसकी देख रेख चाचा ही करते थे जिसे वो अपने हाथों से सींचते थे जिसमे तरह तरह का फूल लगाए हुए थे। सिर्फ उसमे चार प्रकार का गुलाब का फूल लगा था। उसमे जो लाल गुलाब था वो बहुत सुन्दर और बड़ा था जिसे सोनू चाचा अधिक प्रेम करते थे।

एक बार कि बात है जब हम तीसरे समेस्टर के आखिरी पड़ाव पर थे। जो नवंबर महीने के आखिरी और दिसबर महीने के शुरू का दिन था, जो काफी ठंड भरा मौसम था | उस वक्त गुलाब का वो फूल जिसे सोनू चाचा अत्यधिक प्रेम करते थे वो बहुत अच्छा खिला था |

वह फूल जो कुछ हफ़्तों से हर तीसरे या चौथे दिन पर चोरी हो रहा था। जिसका पता किसी को नही था। जिस वजह से हमे सोनू चाचा से डॉट सुनने को मिलता था| उस वक़्त हम कुछ समझ नही पा रहे

थे। आखिर चाचा डांट क्यो लगा रहे है फिर पता चला कि गुलाब कि चोरी हो रही है हमने ज्यादा ध्यान नहीं दिया इसका कारण यह था कि चाचा सिर्फ हमीं को नही पूरे हॉस्टल के लड़को को डॉट लगाते थे जिससे हम बहुत संतुष्ट थे।

फिर एक दिन रात में दो या ढाई बजे मेरी नींद खुल गई ठंड बहुत थी इसलिए मैं बाथरूम जाने से पहले अपने फूल टीशर्ट पर हाफ स्वेटर डाल लिया। वापस आने के बाद मैंने पानी कि बोतल के तरफ देखा जो खाली हो चुका था। इसलिए मैं सुरेश के चौकि के पास गया जो मात्र चार मीटर के दूरी थी लेकिन बीच मे मेज और कुर्सी होने के कारण थोड़ा घूम के जाना पड़ता था ये इसलिए किया गया था कि राजीव यहां आकर ना सोये क्योंकि जब चौकि पूरी सट जाती थी। तब राजीव अपना बोरिया बिस्तर लेकर सोने के लिए आ जाता जिससे अपने तो मजे से सोता लेकिन हम परेशान हो जाते और ठीक से सो नही पाते। इस वजह से चौकि को अलग करके और बीच मे मेज रख दिया गया। इतना करने के बावजूद भी राजीव कभी - कभी आकर सो जाता है। लेकिन आज नही था।

मैं पानी पीने के लिए सुरेश के चौकि के पास गया बोतल उठाकर पानी पी लिया उसके बाद मैंने सोचा क्यों ना सुरेश को जगाया जाय वैसे भी कल रविवार होने के कारण सुबह कॉलेज जाना नही है।

इसलिए मैंने बोला "सुरेश" आवाज थोड़ा धीमे था फिर दोहराया "सुरेश" लेकिन कोई रिएक्शन नही।

मैंने दो बार और बोला लेकिन कोई प्रतिक्रिया ना होने के चलते "अबे साला सांड कि तरह सोया है क्या" यह कहते हुए मैं पानी का बोतल नीचे रख सुरेश के कम्बल को तेज से खिंचा उसकी प्रतिक्रिया अब भी ना होने के कारण मैंने लाइट जलाई फिर पीछे मुड़कर देखा कि सुरेश के बिस्तर पर बैग और नीचे तकिया लगा था जिसे कम्बल से ढका गया था मुझे कुछ समझ मे आता कि मैं तुरन्त दौड़ते हुए राजीव के कमरे के पास गया।

"राजीव, राजीव" मैंने कहा राजीव का दरवाजा खटखटाते हुए।

करीब मैं तीन बार उसका दरवाजा खटखटाया फिर जा कर अन्दर से आवाज आई।

“कौन है बे इतनी रात में परेशान कर रहा है” राजीव ने कहा

“अबे हम है बे सारथक दरवाजा खोल कांड हो गया” मैंने कहा तेजी से

“का हो गया बे काहे इतना तेजी मचाये हो” राजीव ने कहा

“हाँ साले यहां खड़े खड़े पूरा रामायण सुना दे तुमको। लेकिन तुम बिस्तर से बाहर ना निकलना” मैंने कहा गुस्से से

“आ रहे है बे चिल्ला काहे रहे हो” राजीव बोला और दरवाजे के तरफ बढ़ा उसे खोलने के लिए।

राजीव को दरवाजा खोलने में समय इसलिय लग रहा था क्योंकि ठंड बहुत थी और वो कम्बल में था जिस कारण राजीव दरवाजा खोलने में आना कानी कर रहा था। कुछ समय बाद दरवाजा खुला। राजीव दरवाजा खोलते ही दौड़ते हुए फिर अपने कम्बल में झटके से कूद कर लेट गया।

मैं तुरन्त कमरे के अंदर आते ही बोला “अबे सुरेशवा गायब हो गया” मैंने कहा हड़बड़ाहट में

“बक्क साले ऐसे कैसे गायब हो जायेगा। साले तुम दोनों मिल के हमको उल्लू बना रहे हो, ताकि हम ठंडी मे परेशान हो” राजीव ने कहा मुस्कुराते हुए।

“अबे सही बे” मैंने कहा और फिर पूरा बात बताया कि कमरे मे क्या हुआ है सारी बात सुनने के बाद राजीव परेशान नही दिख रहा था उसे अभी भी लग रहा था कि मैं और सुरेश मज़ाक कर रहे है। राजीव को देख मैं थोड़ा अचंभित होते हुए कहा “अबे विश्वास कर साले। चल ढूंढे चल” मैंने उठते हुए कहा।

“अबे टहलने गया होगा बे। तुम तो साले झुट्ठे परेशान हो” राजीव ने कहा नार्मल शब्दो मे।

“पगला गए हो क्या बे” मैंने झटके से बोला जिससे राजीव थोड़ा घबरा गया। मैंने आगे बोलना जारी किया “इतना राति में कौन टहलने जाएगा बे, वैसे भी साला इतना ठंडा बा और हाँ हमके पागल कुत्ता नहीं कतले बा हमार बुद्धि नाहि खराब बा समझे, कि इतना भद्दा मज़ाक करब” मैंने बोला जाते हुए।

राजीव को मेरी बातों का असर हुआ वो बोला “अबे रुक। चलत बाटी” और वह चौकि से उठा ।

राजीव अपना जैकेट पहना, टोपी लगाया और मोफलर मेरी तरफ फेकते हुए बोला “अबे फोन करो ना उसके पास” राजीव के इस बात से मेरा दिमाग बौखला गया क्यूकि उसका फोन बिस्तर पर था।

“अबे साले तुमको क्या लगता है कि मैंने उसका फोन नहीं ट्राई किया होगा, उसका मोबाइल बिस्तर पे ही था” मैंने कहा |

उसके बाद हमने पंद्रह मिनट में पूरा हॉस्टल छान मारा लेकिन सुरेश का कुछ पता नही चला। हम लोग उस वक्त छत पर थे और राजीव बहुत गुस्से में था, जिस वजह से उसने दिवाल पर एक मुक्का मरते हुए बोला “ये साला गजेडिया कहीं पी के गिरा होगा” उसकी बातें सुन मैं समझ गया कि वो बहुत गुस्से में था इसलिए मैंने कुछ नही कहा। वही दिवाल पर बैठ सोचने लगा तभी अचानक याद आया.....

“अबे राजीव। अपने हॉस्टल के पीछे वाला दिवाल टूटा है ना जो सोनू चाचा के घर के तरफ से होते हुए सीधे मेन रोड पर मिलता है। वही नही ना गया है” मैंने एक सांस मे अपने जगह से उठते हुए कहा।

वो दिवाल जान बूझ के तोड़ा गया था ताकि हॉस्टल का गेट बंद हो जाये तो आने में दिक्कत ना हो। यह काम हमारे सीनियरों ने किया था। जो सिर्फ हॉस्टल के लड़कों को पता था। मजे कि बात यह कि उधर कोई चेक करने भी नही जाता था। क्योंकि उधर कूड़ा और झड़ी थी इसलिए।

“वहा क्या करने जायेगा बे तुमभी पागल हो” राजीव ने कहा सुरेश को गाली देते हुए।

राजीव जाना नहीं चाहता था। लेकिन कोई और चारा नही होने के कारण जाना पड़ा।

***

रात के तीन से अधिक बज रहे थे ठंड बहुत ज्यादा थी। जिस वजह से हम दोनों अपने आप को हाथों से बांधे हुए। किसी तरह से हमलोग रोड पर पहुँचे, जहा कोई नही दिख रहा है यह देखते हुए राजीव ने कहा

"देखे कोई नही है, चलो बहुत ठंड है" राजीव ने कहा पीछे मुड़ते हुए।

मैंने उसका तुरन्त हाथ पकड़ लिया और कहा "अबे यहां तक आ गए है, तो थोड़ा आगे उस मोड़ तक चलते है" मैंने कहा।

वहाँ से मुस्किल से बीस से पच्चीस कदम चलने के बाद एक रास्ता बाँए और एक रास्ता दाएं की ओर मुड़ता है, जहाँ कोई नहीं था, यह देख वहाँ से हमलोग वापस होने के लिए मुड़े कि मेरी नज़र दाएं वाले रोड पर पड़ी। जहाँ एक फुटपाथ के एक बेंच पर एक लड़का बैठा था। वो सुरेश था। मैंने इतने दूर उसे पहचान लिया और मेरे आंखो मे आँशू आ गये वो इसलिए नहीं कि सुरेश मुझे मिल गया, वो इसलिए क्योंकि वो मेरा नया वाला जैकेट पहना था जो अभी दो दिन पहले ही लिया था। जिसे मैंने एक बार भी नहीं पहना था जिस वजह से मेरी आँखों मे आँशू आ गए, आखिर आंशु आए भी क्यो ना, मैंने एक बार भी उसे पहना तक नहीं और यही कारण भी था उसे इतने दूर से पहचानने का |

मैंने राजीव को दिखाते हुए बोला "उ देखो सुरेसवा" मैंने कहा राजीव को उंगली से दिखाते हुए।

"देख साला कैसे बैठा है चौड़िया के" राजीव ने कहा।

"अबे लेकिन उसके साथ कौन है बे, "जिसका चेहरा ठीक से दिख नही रहा है" मैंने कहा।

फिर हमदोनो मिलकर एक प्लान बनाये कि चुपके से उनके पास चलते है फिर उसको शाक कर दिया जाएगा। बहुत मजा आएगा।

ये सोच लिए हम दोनो झुककर धीरे धीरे उनके पास जाने लगे और वही एक ठेले के पीछे छूप गए। उन दोनो के ऊपर रोड लाइट पड़ रही थी जिस वजह से वो लोग दिखाई दे रहे थे, लेकिन हम अंधेरे में थे। जिसका फायदा उठाते हुए मैं और राजीव अपना सिर ठेले के ऊपर किये और देखे, जहाँ सुरेश के साथ एक लड़की थी, साथ मे गुलाब का फूल था जो सोनू चाचा के क्यारी का था। वो भी एक नही पांच फूल उसके हाथ में था।

हम दोनो उसको शाक करने गए और अपने झटका खा गए। वहा से धीरे से चले आये।

"अबे भाई ये तो रिमवा है बे। अपनी दुश्मन। ई गुरुआ साला कही मुँह दिखाने लायक नही छोड़ा। अपने क्लास की सारी लड़कियाँ मर गई थी। जो अपनी जूनियर से इश्क़ लड़ा रहा है" राजीव ने एक सास में सारी बात कह डाला एक बार भी बीच में नही रुका।

शाक मे पूरी तरह मैं भी था लेकिन नार्मल रहते हुए बोला " चिंता मतकर सोमवार के क्लास में देखल जाई। बस अभी यहां से चल ताकि उसको पता ना चले कि हम लोगो को कुछ भी पता है" मैंने कहा हॉस्टल के तरफ़ जाते हुए।

जाते जाते सुरेश ने कहा "साला गुलाब चोर"

यहां देखने वाली बात यह है कि गुलाब चोर सुरेश है यह बात सिर्फ हम तीन के अलावा एक लोग को और पता था। जिसका पता आप को बाद में चलेगा। बस इतना जान लीजिये कि हम चार के अलावा आज तक किसी को नही पता कि आखिर फूल जाता कहाँ है। आपको पता चल ही गया होगा कि गुलाब चोर कौन था, फिलहाल वहाँ चलते है जहा केक कट रहा है |

***

तब तक सोनू चाचा आ गए। हम केक काटने के लिए सोनू चाचा को बोले। उन्होंने ना बोला लेकिन हम लोगो के बहुत कहने पे केक को काटते हुए पहला टुकड़ा उन्होंने मुझे खिलाया फिर सभी ने सोनू चाचा को केक खिलाया और अपने खाने लगे उसके बाद एक दूसरे

पे केक पोताई शुरू हो गयी। राजीव को सबसे ज्यादा केक लगा उसमे भी वो चालाकि करते हुए केक का एक टुकड़ा बचा लिया, जिसे वह मुझे पकड़ाते हुए बोला “अबे इसको रखो। मैं मुँह धूल के आता हूं” मैंने सिर हा में हिलाया और उसका केक पकड़े मैं खड़ा था।

राजीव के जाने के बाद। सुरेश पीछे से आते ही केक मेरे हाथ से छीनते हुए बोला “ इसको तो मैं खाऊँगा” सुरेश ने कहते हुए जैसे ही केक मुँह में डालने वाला था कि मैं उसे रोकते हुए बोला “अबे राजीव का है बे” मेरी बात सुन सुरेश रुक गया। जिसे देख मेरे चेहरे पर थोड़ी मुस्कान आई।

“अच्छा। फिर उसको आने दो। तब मजा आएगा” सुरेश कह कर हँस रहा था कि राजीव आ गया जिसे देख मैंने अपना बचाओ करते हुए कहा “अबे साला पीछे से आके छीन लिया”

राजीव को देख सुरेश तुरन्त एक्शन में आ गया और कहा “अबे इतना बड़ा टुकड़ा अकेले खाओगे साले। ऐसा नहीं हो सकता। अब तुम कुछ नही पाओगे, पूरा केक मैं खाऊँगा” सुरेश ने कहा।

जिसे देख राजीव को गुस्सा तो आ रहा था लेकिन उसने एक मासूमियत भरा चेहरा बनाते हुए बोला “अबे भईया ऐसा मत करिये। थोड़ा सा भी नही खाया हूँ”राजीव ने कहा बिनती करते हुए।

कुछ देर उन दोनों का वार्तालाप चल रहा था। फिर सुरेश ने तीन टुकड़ा कर। मुझे, राजीव और अपने खाया।

अब धीरे धीरे जाने का time हो रहा था। और मैं इस हॉस्टल को हमेशा के लिए छोड़ने वाला था। लेकिन आप ये मत सोचिये कि मैं बिना बात बताये ही चला जाऊंगा। आप को चिंता की करने कोई जरूरत नहीं, आपको पूरी बात पता चलेगा। अरे भाई चिंता तो सुरेश करेगा ना।

***

दोस्तों से बाते छुपाना बुरी बात

सोमवार की क्लास में हम तीनों हमेशा की तरह बीच के आखिरी बेंच पर बैठे थे। लेकिन बेंच पर थोड़ा बदलाव जरूर हुआ था, वह बदलाव यह था कि जहाँ रोज राजीव बीच मे बैठता था वहाँ सुरेश बैठा था और यह सब हमारे प्लान का एक हिस्सा था। जो मैं और राजीव एक दिन पहले मिलकर बनाये थे।

"अबे राजीव तुमको कुछ दिनों से देख रहा हूँ। बहुत खुश नजर आ रहे हो" मैंने कहा एक लम्बी सास लेते हुए।

मेरी बात सुन सुरेश तुरंत राजीव के तरफ मुड़ा और कहा "हाँ यार सही बोल रहे हो सारथक" सुरेश ने कहा ये सोचते हुए कि सारथक राजीव का मजा लेने वाला है।

पहले तो राजीव शर्माया, हल्की सी मुस्कान देते हुए बोला "हाँ यार प्यार हो गया है" राजीव ने मुस्कुराते हुए बोला और मैं उसको आंख मारते हुए हँसने लगा।

सुरेश भी बहुत खुश था, उसने तो राजीव के पीठ पर थपकि देते हुए बोला "अबे कौन है बे" सुरेश ने कहा अपने आखो के भौहें को ऊपर नीचे करते हुए।

"वाह शेर वाह क्या बात है तुम तो मेरे ग्रुप का नाम ऊँचा कर दिये" मैंने कहा हँसते हुए मेरी आवाज थोड़ी तेज थी जिसे सुनकर कुछ लड़कियां हँसने लगी|

तभी क्लास में जतिन सर आ गए थे। जो ये बताने आये थे कि आज आपका कोई भी क्लास नही चलेगा क्योंकि आज सारे प्रोफेसर लोगो

का मीटिंग है जो exam के कार्यक्रम निर्धारित करने के लिए है, जिसकी सूचना आपको कल मिल जाएगी।

सर के जाने के बाद सभी बच्चे भी बाहर जाने लगे। मैं और सुरेश राजीव को घेर लिए। तभी क्लास के दरवाजे से आवाज आई "सारथक मैं लाइब्रेरी जा रही हूँ" कोई तेज स्वर में कहा जिस की आवाज मैं पहचान रहा था मैं भी हाथ हिलाते हुए कहा "ठीक है घर जाने से पहले मुझसे मिलते हुए जाना" मैंने कहा और फिर राजीव के तरफ मुड़ गया।

"अबे बताओ बे कौन है" सुरेश ने कहा मुस्कुराते हुए।

"भाई वो जो अपनी जूनियर है ना रीमा उसीसे" राजीव ने कहा मुस्कुराते हुए।

ये सुनकर सुरेश की मुस्कान गायब हो गई।

"अबे बक्क साले पगला गए हो क्या अपने क्लास मे लड़कियाँ नही है। तुम पसंद भी किए तो जूनियर को ताकि कबो पटा भी ना पाओ" मैंने कहा एक दम से इस बात को झुझलाते हुए ताकि सुरेश को यह सच लगे |

"अबे तुमको पता नही, वो भी हमको पसंद करती है। और जब मैं गैलरी से आता हूं तो देख कर मुस्कुराती है" राजीव ने अपने हाथो का प्रयोग कर कहा ताकि सुरेश यकीन करने पर मजबूर हो सके।

"बक्क साले मैं नहीं मानता, कि वो तुम्हें देखती है, मैं एक मिनट के लिए यह जरूर मान सकता हूँ कि तुम उससे प्यार कर सकते हो, लेकिन वो तुमसे प्यार करे, ऐसा नहीं हो सकता" मैंने एक ऐसी बात बोली जो सुरेश के दिल को सुकून दे रहा था |

सुरेश ने तुरंत कहा "हाँ, सारथक तुम सही कह रहे हो" उसके चेहरे पर कोई भाव नहीं था |

"तुम लोग मानो या ना मानो मुझे क्या, मैं तो रीमा के प्यार मे अपने सपने बुन रहा हूँ" राजीव ने यह बात ऐसी बोली कि उसे कोई फर्क नहीं पड रहा वो अपने ही दुनिया में मस्त है | जिसे देख सुरेश की

पूरी तरह जल गई थी और इस जलन मे घी डालने काम मैंने किया यह कह कर.....

"भाई। तब तो तेरा घर बस गया। आज तो कैंटिंग का पूरा खर्चा तेरा" यह सब प्लान का एक हिस्सा था।

"हाँ..हाँ क्यों नही" राजीव ने कहा मुझे घूरते हुए।

सुरेश अपनी चुप्पी तोड़ते हुए बोला "ऐसा हो ही नही सकता" सुरेश के कहेते ही राजीव तुरंत बोला "क्यों नही हो सकता बे"

"क्योंकि तुम्हारा और उसका झगड़ा हुआ था न" सुरेश ने कहा।

"तभी तो प्यार हुआ है" राजीव ने कहा हल्के स्वर में जैसे कोई आशिक बोलता है आगे कहना जारी किया "भाई हमारा अनोखा प्यार है। अब तो कुछ नही बस सारे जहाँ पे लिखना है I LOVE YOU रीमा" राजीव ने कहा बेंच पर खड़ा हो कर जैसे शाहरुख खान अपने फिल्म मे करता है"

लेकिन सुरेश ये बोले जा रहा था "मैं नही मानता" जिसका जवाब राजीव बेंच से कूदते हुए कहा "चलो तुमको दिखाए" ये बोलते हुए राजीव मेरा हाथ पकड़ते हुए गैलरी की तरफ लेते जा रहा था और सुरेश हमारे पीछे।

हम लोग क्लास से निकल कर गैलरी में गये। मैं, राजीव आगे आगे एक दूसरे के कंधे पर हाथ रखे हुए जा रहे थे। और सुरेश हमारे ठीक पीछे ही था ताकि वह हमारी बात सुन सके, जिसके मद्दे नज़र रखते हुए मैंने राजीव की तारीफों के पुल बांध दिया, तभी सामने से रीमा आ रही थी, जिसे देखते हमारे कंधे से हाथ हट गया क्योंकि ये हमारे प्लान में नहीं था, रीमा को देख हमारी हालात खराब हो गई, हमे लगा कि हम पकड़े गए। लेकिन रीमा जैसे ही हमारे पास आई, उसकी नज़र उठ गई और हल्का सा मुस्कुराई, ये मुस्कराहट सुरेश के लिए था, जो अब हमारे ही साथ बीच मे चल रहा था। और ये बात हम तीनों जानते थे लेकिन जैसे ही रीमा गैलरी से चली गई।

"देखे भाई वो देख के मुस्कुराई" राजीव ने उछलते हुए कहा।

राजीव कि बात सुन सुरेश का चेहरा उतरा हुआ था और वो ये भी जनता था कि वो मुस्कुराहट मेरे लिए है, लेकिन कुछ कर नही सकता था।

"सही बोले बे क्या बात है। तुम तो हीरो निकले" मैंने कहा उसके पीठ पर थपकी मारते हुए।

"अब बताओ कब उसको प्रोपोज़ मारे और कइसे" राजीव ने कहा थोड़े उचे स्वर में ताकि सुरेश अच्छे से सुन सके।

मैं राजीव को एक से एक तरीका बताते हुए कैंटीन के तरफ लेते गया और सुरेश हमारे पीछे ही था कुछ देर बाद वो हमारे पीछे से गाएब हो गया। हमदोनो समझ गए थे कि वो रीमा के पास गया है, हम दोनो सुरेश के चेहरे कि बात और उसकी घबराहट कि बाते एक दूसरे से कहते हुए हँस रहे थे और हँसते हुए कैंटीन चले गए|

रीमा को कॉलेज में आये अभी छः महीने हुए थे, उसका फर्स्ट समेस्टर था जो हमारी जूनियर थी।

***

रीमा जब नई नई कॉलेज में आई थी। यही कोई दो या तीन महीने हुए होंगे। उस वक़्त हम जूनियर से सीनियर हो चुके थे। हमारी bike स्टैंड के गेट के ठीक सामने खड़ी होती थी जहाँ ज्यादातर स्कूटी खड़ी रहती।

एक बार राजीव bike लेने के लिए स्टैंड में गया, सुरेश और मैं बाहर ही उसका इंतजार कर रहे थे। लेकिन राजीव को time लग रहा था जहाँ पांच मिनट लगना चाहिए वहाँ दस मिनट से अधिक हो गया। जिस वजह से हम दोनों स्टैंड के अंदर गए।

वहाँ देखा कि हल्की भीड़ थी, जो राजीव को घेरे थीं और राजीव बीच मे खड़ा था, वही बगल में एक लड़की जो राजीव को डांट रही थी, जिसे देख हमदोनों दौड़ते हुए भीड़ के बीच मे गए। उस लड़की को मैंने चुप करते हुए बोला "एक मिनट चुप रहिए। क्या हुआ बे" मैंने कहा राजीव से

राजीव ने पहले तो एक राहत भरी सांस ली और बोला "अरे यार मैं अपनी bike निकाल रहा था और इनकी स्कूटी मेरे bike से एक दम सटी थी जिस वजह से मैं हटा रहा था" राजीव थोड़ा पीछे गया और कहना जारी रखा "मुझसे गलती यह हो गई कि मैं bike पर बैठ गया था जिस वजह से मुझे उतरने का मन नही किया और मैंने अपने पैर से स्कूटी को हटाने का कोशिश किया जिस वज़ह से स्कूटी गिर गई" राजीव ने अपनी पूरी बात कहते हुए वही खड़ा हो गया।

"तो इसमें कौन सी बड़ी बात हो गई जो पंचायत लगी है अरे स्कूटी गिर गयी है उठा के sorry बोल दो ना" मैंने कहा राजीव के पीठ पे हल्के से मारते हुए।

"देखिए आप बीच में ना पठिए। आपको मालूम नही कि ये क्या किये है, इन्होंने मेरे आंखों के सामने ही मेरी स्कूटी पे जोर से लात मार कर गिराए है" उस लड़की ने गुस्से से कहा।

उसकी यह बात सुन मैं तुरंत राजीव के तरफ मुड़ा, राजीव ने अपनी नज़र नीचे कर बोला "नही ऐसा नही है"

राजीव के इस व्यवहार से मैं सारी बात समझ गया था, लेकिन क्या करे दोस्त है ना, ऊपर से हम सीनियर भी हो चुके थे। अब एक जूनियर से सीनियर डॉट सुने। ये तो गलत बात है ना, लेकिन गलती भी हमारी थी, इसलिए मैंने मामला को रफा दफा करने के लिए कहा "अरे जो हो गया सो गया। जाने दो" मैंने कहा।

पहले तो वो लड़की हल्का सा मेरे पास आई और अपने हाथों से चुटकी बजाते हुए उंगली को मेरी तरफ दिखाया और अपनी आँखें बड़ी बड़ी करते हुए बोली "ओय मिस्टर तुम कुछ जानते नहीं हो। इसलिए बीच मे पड़ो मत, नही तो इसके साथ तुमभी पिसे जाओगे" उस लड़की के इतना कहते ही मेरा दिमाग गरम हो गया। फिर अपने आप को देखने के बाद थोड़ा शांत हुआ क्योकि उस वक्त हम अपने काले कोट मे नहीं आए थे, जिससे वो जान नहीं पाई कि हम सीनियर है फिर भी मेरे मन मे ये बात आ गई कि ये जूनियर होने के बाद एक सीनियर से ऐसे कैसे बात कर रही है।

उस लड़की के इस रवैये से मैंने गुस्से से अपनी आंखें बड़ी बड़ी कर घूरते हुए बोला "पहेले उंगली नीचे करो" मैंने चिल्लाते हुए कहा जिससे वो हल्की से पीछे हट कुछ बोलना चाहती थी, लेकिन उसकी बात काटते हुए मैंने कहा "चुप रहो। तबसे देखे जा रहा हूँ बोले जा रही हो, सीनियर से कैसे बात करते है मालूम नही क्या" मेरे इतना कहते वो लड़की और उसके दोस्त नज़र नीचे करते हुए चुपचाप खड़े हो गए। सुरेश मेरे पास आकर बोला "अबे पगला गए हो साले लड़की है मत बोल जाने दे" सुरेश कि बाते सुन मैं थोड़ा शांत हो गया।

उस लड़की कि नज़रे नीचे की तरफ थी और उसका चेहरा देखने से लग रहा था। कि वो रो रही है, मैं चुप था। कुछ देर बाद मैंने राजीव से गाड़ी की चाभी लेते हुए बोला "लगता है किसी ने सीनियर की इज्जत करना सिखाया नहीं" ये बोलते हुए मैंने गाड़ी बाहर कर राजीव और सुरेश को बैठने के लिए बोला।

सुरेश के इशारे पर जैसे ही राजीव स्कूटी उठाने के लिए गया, मैंने सुरेश को घूरते हुए बोला "अबे राजीवा यहां आओ। जेके मदद करे के बा, वो स्कूटी उठाई" सुरेश समझ गया कि मैं उसी को बोल रहा हूँ इसलिए वो तुरंत bike पर बैठ गया। उसके बाद राजीव भी बैठ गया।

मैंने bike start किया और फिर उस लड़की को बुलाया

"इधर आओ" मैंने कहा मेरी बात सुनकर वो लड़की पास आई उसकी नज़र अभी भी नीचे ही थी।

"क्या नाम है तुम्हारा" मैंने कहा।

"जी... रीमा" लड़की ने कहा हडबडाहट में कहा क्योंकि उस वक़्त मैं बिल्कुल नार्मल हो गया था।

फिर मैं उसे समझाने लगा उसके बाद मैंने तीनो का नाम बताते हुए उसे sorry बोला और वही एक लड़का जो काफी देर से सारी घटनाएं देख रहा था। उसे अपने पास बुलाते हुए पूछा "fresher"

"Yes Sir" लड़के ने कहा

उसके सर बोलने से हमारा सीना चौड़ा हो गया।

“क्या नाम है तुम्हारा” मैंने कहा।

“Sir, my name is Pradeep Kumar Singh” उस लड़के ने एक ऊँची आवाज के साथ बोला।

“हाँ तो प्रदीप जी। जरा वो स्कूटी उठा दिजियेएगा, और कोई परेशानी हो तो हमे बताइएगा” मैंने कहा bike start करते हुए।

Bike मैंने दोबारा start किया क्योंकि तब तक बंद हो चुकी थी

फिर प्रदीप ने जाकर स्कूटी उठाई और मैं प्रदीप को बाए बोलते हुए वहा से चल दिया।

आगे जाकर “अबे साले स्कूटी पर लात मारने कि क्या जरूरत थी” मैंने कहा bike चलाते हुए।

“अबे क्या करते। bike ऐसा फसा था कि छुड़ाते छुड़ाते परेशान हो गए। बस गुस्सा आ गया और वही खड़ा होकर लात मार दिया” राजीव ने कहा।

“चल कोई नही। लेकिन साले तुमको ऐसा नही करना चाहिए था” मैंने कहा।

“तुम दोनो को ऐसा नही करना चाहिए था” अब तक चुप बैठा सुरेश ने कहा “अबे तुम लोग एक लड़की को रुला दिए” सुरेश ने अफसोस से कहा।

अफसोस तो हमे भी था लेकिन बात दोस्त और सीनियर की आ गई थी।

“अबे राजीवा इसको चुप करवा। एक तो साला वहा कुछ बोला नही। ऊपर से ज्ञान दे रहा है” मैंने कहा bike का speed बढ़ाते हुए।

“अबे चुप साले” राजीव ने कहा सुरेश को पीछे पीठ पे मरते हुए।

ये था राजीव और रीमा का झगड़ा।

***

मैं और राजीव कैंटिंग में बैठे हुए आपस मे बात कर रहे थे।

कुछ देर बाद सुरेश भी आया और हमारे पास बैठ गया, उसको देखते ही राजीव को हँसी आ गई और मैं भी मुस्कुराने लगा।

सुरेश का चेहरा उतरा था। सायद वो कुछ कहना चाहता था, लेकिन कैसे यही सोचते हुए उसने अपना दोनों हाथ मेज पर और आंखों को नीचे किये हुए नचा रहा था।

"अबे क्या हुआ बे" मैंने समोसे का प्लेट सुरेश के तरफ बढ़ा कर कहा "येलो समोसा खाओ" मेरी बात सुनते ही सुरेश झटके से बोल पड़ा "मुझे तुम दोनों को कुछ बताना है" मैं और राजीव मुस्कुरा रहे थे। क्योंकि हमें पता था। सुरेश क्या बोलने वाला था।

"देखो राजीव तुम रीमा से प्यार नहीं कर सकते क्योंकि उससे प्यार मैं करता हूं और वो भी मुझसे प्यार करती है" सुरेश ने एक ही साँस में बोल दिया।

"अरे ऐसे कैसे। पहले मैं उसको पसंद किया हूँ" राजीव ने बनावटी गुस्सा दिखाते हुए कहना जारी रखा "देख सारथक इसको समझा दे कही दोस्ती में दरार ना आ जाए"

"हाँ यार ये गलत बात है, जब रजीव ने उसे पसंद कर लिया तो फिर तुम क्यो बीच में आ रहे हो" मैंने कहा झटके से ताकि मेरे बातो मे एक सच्चाई दिखे और थोड़े गुस्से मे लगने लगूँ।

सभी लोग शान्त बैठे थे, कुछ देर बाद अचानक सुरेश उठा, कैंटिंग के दरवाजे के पास जाने लगा और हम दोनों एक दूसरे को ताली देते हुए हँसने लगे।

सुरेश को वापस आते देख हम दोनो की हँसी मुस्कान में बदल गई क्योंकि उसके पीछे रीमा आ रही थी, फिर मुस्कान भी गायब हो गई। एक दम सीरियस मुद्रा में हम दोनो बैठे थे।

सुरेश आते ही कहा "इससे पूछो ये किससे प्यार करती है" सुरेश का उस वक़्त भयानक रूप था। गुस्से से उसकी आंखें लाल थी। अपने

दोनों हाथों को मेज पर रख खड़ा हो गया, पीछे रीमा नज़रे नीचे कर खड़ी थी।

मैं और राजीव सुरेश का ये रूप देखकर एक दूसरे को देख जोर से हँसने लगे। और मैंने हँसते हुए कहा "हमे सब मालूम है" इतना सुनते ही सुरेश कुछ समझ नही पाया और कुर्सी पर बैठते हुए बोला "मतलब"।

"मतलब कि अब कि मिलने जाना तो लाल वाली जैकेट छोड़ कोई भी पहन लेना, "पहचान में नही आओगे, और हाँ उस जैकिट को ड्राई क्लीन करा देना समझे" मैंने कहा हँसते हुए। साथ मे राजीव भी हँस रहा था। लेकिन सुरेश के आगे मानो अंधेरा छा गया हो।

"ये तो हमारा प्लान था" राजीव ने कहा हँसते हुए।

"मतलब। तुम दोनों को सब पता है, मैं झूठ में परेशान था, मैं तब से दिमाग लगा रहा था कि कैसे बताऊँ" सुरेश ने मुस्कुराते हुए कहा।

मैंने एक कुर्सी खींच कर रीमा के तरफ सरकाते हुए बैठने का ईशारा करते हुए बोला "परेशानी तो अब होगी। क्योंकि दोस्तो से बात छुपाना बुरी बात है" राजीव ने सहमति के साथ बोला "सही बात और इसका सजा भी मिलना चाहिए क्यों सारथक"

"सजा तो मिलेगा वो भी पहलवानी सजा" मैंने कहा हँसते हुए और इस बार सभी के चेहरे पर हल्की हँसी थी। उतनी देर में हमारी एक और दोस्त आ गई, जिसे करीब पांच मिनट पहले मैंने message कर बुलाया था। वो वहीं थी, जो क्लास के गेट से आवाज लगाई थी। उस दोस्त को जानने से पहले मैं आपको बताना चाहता हूँ पहलवानी सजा के बारे में।

पहलवानी सजा हमारे हॉस्टल की उपज थी। इसके आविष्कार करने वाले का नाम तो नही मालूम लेकिन इतना मालूम है कि यह सजा उन लोगो के लिए है जो हॉस्टल के हो और आपके बेस्ट फ्रेंड हो।

इसमें हॉस्टल के प्रांगण में एक विशाल पेड़ था, जिस पर एक डंडा बंधा हुआ था। जिस पे लटक कर दस बार अपने हाथो से पूरे शरीर के भार को खींचना था। लेकिन पूरे ग्राउंड का दस चक्कर लगाने के

बाद, जो करीब चार किलोमीटर हो जाता था जिसे जल्दी कोई कर नही पाता था।

सुरेश को ये सजा मिला था जिसके लिए राजीव बहुत खुश था। अंततः परिणाम स्वरूप सुरेश टास्क पूरा नही कर पाया, दौड़ते हुए उसकी हालत बहुत खराब हो गई थी। जिस वजह से शाम तक उसे बुखार हो गया। हमे उसके लिए दवा लाना पड़ा। उसकी तबियत फिर ना खराब हो जाये इसलिए अगले दिन मैं कॉलेज नही गया सिर्फ राजीव ही गया था।

दोपहर होने को आया और मैं इस समय अपने चौकी पर आराम फरमा रहा था तभी अचानक से राजीव आया और मेरा पैर ज़ोर से हिलाने लगा और कहा "अबे तुमसे मिलने शुर्वी आई है, जल्दी जा बाहर हॉस्टल के गेट पर खड़ी है" जिसे सुनने के बाद मेरे मुह से अचानक निकल गया "बक्क सही" मेरे कहते ही राजीव ने कहा "अबे जल्दी जाओ" शुर्वी एक ऐसा नाम जो मेरे सामने आने से वक्त रुक जाता है और दिल कि धड़कन तेज हो जाती है, मेरे दोनों हाथ कापने लगते है ये वही लड़की है जो क्लास के गेट से मुझे आवाज लगाई और कैंटिंग मे हमसे मिलने आई थी, यह वही दोस्त है जो गुलाब चोर के बारे में जानती है | जिससे बाते करने के बाद मुझे अत्यंत प्रसन्नता मिलती है जैसे मैं किसी और दुनिया मे चला जाता हूँ, जिसकी खूबसूरती का वर्णन मैं नहीं कर सकता, बस इतना जान लीजिये कि उसकी मुस्कुराहट ऐसी थी कि जिसपर मैं सब कुछ लूटा सकता था | उसके होट के उपर दायिनी तरफ का वो तिल जो उसकी खूबशूरती मे चार चाँद लगा देता था |

फिलहाल मैं आराम करने मे ब्यस्त था और अभी तक ब्रश भी नहीं किया था| नहाने की बात तो छोड़ दिजिये, राजीव के कहने पर मैं जल्दी से उठा और रूम से बाहर निकला, जल्दी से ब्रश किया, सुरेश का परफ्यूम लगाया और दौड़ते हुए मैं जाने लगा |

"अरे उसको यहाँ नहीं आना चाहिए था, जरूरी काम था तो मुझे बुला ली होती" मैं बड़बड़ाते हुए जा रहा था, इसकी वजह यह थी कि आज तक कोई भी लड़की हॉस्टल मे नहीं आई थी| यह पहली

बार था कि कोई लड़की हॉस्टल मे दिख रही है जिसका नतीजा यह हुआ कि छत पर जितने लड़के थे, सबके सब मेला लगा दिये थे। गेट से निकलते हुए मैंने अपने हाथ को हवा मे हिलाते हुए हाय का इशारा किया, जिसे देख उसने भी मुझे हाय किया।

"अरे यार तुमको नहीं आना चाहिए था" इतना कहते ही मैं चुप हो गया।

"क्यो क्या हो गया" उसने तुरंत जवाब दिया।

"कुछ नहीं जानती हो हॉस्टल मे कैसे लड़के होते है" मेरा जवाब सुनकर वो हंस पड़ी। मुझे बिलकुल समझ में नहीं आया कि वो हँस क्यो रही है।

"अरे यार तो क्या हुआ, इसमे ना उनकी गलती है और ना हम लोगो कि" उसकी इस बात ने मेरा दिल जीत लिया क्योकि साथ मे उसने ये भी कहा था की" मुझे तुमसे मतलब है बाकि दुनिया जाए भाड़ मे" ये सुन दिल मे खुशी कि लहर दौड़ गई।

उसकी बातों से पता चला कि वो मुझे देखने आई थी, जिसका कारण राजीव है उसने पूछा राजीव से "सारथक आया क्यो नहीं"

उसने जल्दी – जल्दी मे कह दिया था कि "तबीयत खराब है" सुरेश का नाम लेना भूल गया कि उसकी तबीयत खराब है उसने सोचा मेरी तबीयत खराब हैं और वो मिलने के लिए चली आई।

बेवकूफ साला, लेकिन उसके इस बेवकूफी से मैं बहुत खुश था और खुशी मे मैंने उसको पार्टी भी दिया था। लेकिन देखने वाली बात यह है कि ना राजीव को आज तक मालूम चला कि उसको पार्टी किस लिए मिला और ना ही शूर्वी को मालूम चला कि मेरी तबीयत नहीं बल्कि सुरेश की तबीयत खराब थी।

***

हॉस्टल एक ऐसी जगह है जहाँ एक लड़का अपने लाईफ में वो हर काम करता है जो उसे पूरी ज़िंदगी में वंचित रखा जाता है। मैं अब

वहां से जाने के लिए पूरी तरह से तैयार हूँ। सामान अधिक होने की वजह से हम तीनों बस से गए, 'आनन्द विहार' रेलवे स्टेशन के लिए।

मैंने सुरेश से कहा "मैं गाँव जरूर जाऊंगा, और तुम्हे भी मेरे साथ चलना मेरे गांव पड़ेगा"

"सही है भाई मैं चलूंगा, लेकिन तुमको भी मेरे घर रुकना पड़ेगा" सुरेश ने कहा।

हम दोनों कि बात सुन राजीव निराश होते हुए कहा "अबे सही है, तुमदोनो का भाई मुलाक़ात तो जाएगी, लेकिन" राजीव ने अभी पूरी बात कही ही नही थी कि बीच मे मैंने कहा "अबे निराश होने कि कोई जरूरत नही, हमलोग जल्दी ही कही घूमने का प्लान बनाएंगे" मेरी बाते सुनते ही राजीव खुश हो गया। लेकिन राजीव के खुशी को गम में बदलना सुरेश को अच्छे से आता है।

"हाँ यार नेपाल चला जायेगा" सुरेश ने कहा हँसते हुए, साथ में मैं भी खिलखिला उठा।

राजीव के चेहरे कि हँसी गायब सी हो गई "नही नेपाल नही, इसके अलवा कही भी" सुरेश कि बातों पर मुझे भी हँसी आ गई वो इसलिए क्योंकि नेपाल में राजीव को ऐसा धोखा मिला था, जो आज तक किसी को नही मिला। इसका चर्चा हम बाद में करेंगे और यह चर्चा होना भी जरूरी है क्योंकि इसी के बाद से राजीव ने प्रण लिया था कि मैं अब कभी भी नेपाल नही आऊंगा।

लेकिन उससे पहले हम आनंद विहार स्टेशन पर चलते है, जहाँ हम एक घंटे पहले ही पहुँच चुके थे, क्योंकि यहाँ हमारा एक दोस्त इंतजार कर रहा है। जी हाँ, आप सही समझे वही दोस्त। जिसने हमें क्लास में पीछे से आवाज दिया था। वही दोस्त जिसे मैंने massage कर कैंटिंग में बुलाया था। उससे दोस्ती तो फर्स्ट समेस्टर में हो गई थी। जो मेरे लिए हुकुम का एक्का था जिसके आने से मुझे अंजान शहर में डर नही लगा। फिर वो चाहे exam हो या पढ़ाई, उसने मेरा हर वक़्त साथ दिया। जहाँ समझाने कि जरूरत पड़ती वहाँ समझाना, जहा डांटने कि जरुरत पड़ती वहाँ डांटना वो सारे काम करती जो

एक Best friend करती है। वह क्लास कि सबसे खूबसूरत लड़की, जो खूबसूरती के साथ साथ पढ़ाई में सबसे तेज, वो पढ़ाई में कितना तेज है, आप इस बात से अंदाजा लगा सकते हैं कि वो हर समेस्टर में फर्स्ट आती थी। वो औरों से अगल है, क्योंकि हर परिस्थिति में उसे ढलना आता है फिर वो चाहे कितना भी निगेटिव क्यों ना हो उसमे भी पाजिटिव विचार रखते हुए चलना आता है। हर चीज को अलग नजरिये से देखना उसकी सबसे अच्छी आदत है, जिसे मैं बया नही कर सकता। एक और खास बात, जो मुझे बिल्कुल पसंद नही थी, वो था बुक पढ़ना। जो हमारे कोर्स से बाहर का जिसे मैं बिल्कुल नहीं समझता था। लेकिन वो मुझे समझाने में कोई कसर नही छोड़ती और मैं यही सोचता कि आखिर अपने कोर्स का बुक तो समझ में नही आता तो यह कोर्स के बाहर का समझ के क्या करूँगा। सायद ये भी एक कारण था, जो उस लडक़ी को औरों से अलग करती थी। और हाँ ये वही लड़की वही है जिसका ज़िक्र मैं अभी कुछ देर पहले ही किया हूँ जिसका नाम आप भली भाँति जानते है शुर्वी, जिसे हमारे ग्रुप मे क्या होता है, पूरी बात पता होता है, जिसे गुलाब चोर के बारे में मैंने ही बताया था, जो हम तीनों के अलावा सिर्फ इसको ही पता था।

जो इस समय हमलोगों का आनन्द विहार स्टेशन पर इंतजार कर रही है। जिससे मिलने के लिए हम एक घंटा पहले ही पहुँच गए।

सफर यार से प्यार का

अब तक तो आप समझ गए होंगे कि शुर्वी कौन है, लेकिन महत्वपूर्ण बात यह है कि आखिर ऐसी लड़की जो क्लास में किसी से बात तक नहीं करती, उसकी मुझ जैसे लड़के से दोस्ती हुई कैसे।

यह बात उन दिनों कि है जब मैं कॉलेज में नया था। मेरी दोस्ती सिर्फ सुरेश और राजीव से थी, और किसीसे भी ज्यादा बात नही होती थी। साथ ही मतलब भी नहीं रखते थे। सिर्फ हम तीनों ही थे, जो बहुत ही कम समय में एक अच्छे मित्र हो गए थे। यह बात सारे क्लास को पता था, क्योंकि कॉलेज में हमारी एंट्री ही अलग तरीके से होती थी। वो एंट्री क्लास में जाने से पहले उस कॉलेज के प्रांगण में होता था। जहाँ दो आंवले का पेड़ था। एक छोटा जिसपर फल तो आते थे लेकिन हाथ से टूट जाने के कारण उसपर फल बचता ही नहीं था। वही कुछ दूरी पर एक बड़ा सा पेड़ था जिसमें हमेशा फल रहता था। जिसे हम पत्थर से तोड़कर खाते हुए क्लास में जाते। यह हमारा रोज का काम था।

एक दिन आंवला तोड़ने के लिए सिर्फ मैं और सुरेश गए थे। उस दिन राजीव लेट आने वाला था, वो इसलिए क्योंकि उसके चाचा मिलने आये थे जो यही दिल्ली में रहते थे, और जिस bike से हम चलते हैं, वो इन्होंने ही राजीव को दिय थे।

मैं और सुरेश आंवला तोड़ने के लिए एक एक पत्थर उठाकर ऊपर के तरफ फेक रहे थे, लेकिन हमारी कोशिश नाकाम हो रही थी, फिर से हम लोगो ने कोशिश किया और सफलता हासिल होते हुए सुरेश के पत्थर से दो आंवले का फल नीचे गिरा जिसे उठाने के लिए मैं दौड़ा और उस फल को उठाते समय बोला...

“अबे ये तो दो ही है। राजीव के लिए भी तोड़ना पड़ेगा” मैंने कहते हुए एक पत्थर उठाया और आगे बढ़ते ही बिना कुछ देखे ऊपर कि तरफ फेक दिया जो सीधे एक लड़की के ठीक पैर के पास गिरा, जिसे देखते ही मैं और सुरेश पेड़ के पीछे छिप गए।

“अबे साले पागल हो का बे। बिना कुछ देखे ढेला चला दे रहे हो” सुरेश ने कहा गुस्से में उस पेड़ के पीछे छिपे हुए। हमारी दिल की धड़कन तेज हो गई थी, क्योकि अभी हम कॉलेज मे नए थे और हमारी कोई पहचान भी नहीं थी, पता नहीं वो कौन है, अब हमारा क्या होगा | सब कुछ एक पल मे हमने सोच लिया लेकिन एक राहत कि बात थी, जिसे मैंने कहा राहत की सांस लेते हुए

“चलो अच्छा हुआ कि पैर के पास गिरा, सर पे नही” मैंने कहा

“सही बोला बे” सुरेश ने कहा

“जरा देखबे कौन है” मैंने कहा

उसके बाद सुरेश अपना सिर नीचे कि ओर झुकाकर उस लड़की को देखने के बाद बोला “अबे साले ये तो अपने ही क्लास कि पढ़ाकू देवी है,अब तो हम दोनों गए”, सुरेश ने कहते हुए अपने सर पर हाथ रख लिया | शुर्वी का नाम हमने पढ़ाकू देवी रखा था |

“अबे वो हम दोनों को नही देख पाई होगी, चिंता मत कर । लेकिन हाँ हमे एक बात ख्याल रखना पड़ेगा कि क्लास में जाते समय हम लोग उसके तरफ बिल्कुल नही देखेंगे, नही तो उसे शक हो जायेगा” मैंने एक साँस में सुरेश को सब समझा दिया। लेकिन डर तो मुझे भी था, कहीं वो देख ना ली हो।

हमें उसका नाम पता था। क्योंकि वो क्लास में सर के हर सवाल का जवाब रखती थी। इस कारण हमें ही नहीं, पूरे क्लास के बच्चों को उसका नाम मालूम था। और उसके इतने पढ़ने के वजह से ही उसका नाम पढ़ाकू देवी रखा गया था। हालांकि वह अकेले ही ऐसी नही थी जिसका नाम करण हम लोगो ने किया था। इसके अलावा बहुत से बच्चों का भी नामकरण हमने किया था।

शुर्वी के जाने के बाद हम दोनो क्लास में जाने के लिए तैयार हो ही रहे थे, कि राजीव पीछे से आ गया। हम उस वक़्त ठीक क्लास के बाहर गैलेरी में खड़े थे।

"अबे यहां क्या कर रहे हो सालो, चलो अन्दर" राजीव ने पीछे से कहा।

"अबे देख आ गया साला। इसी के वजह से हुआ है" सुरेश ने राजीव के पीठ पर मारते हुए कहा।

"क्या हो गया" राजीव ने नम्रता से पूछा, क्योंकि उसको हमारी परेशानी चेहरे पर दिख रही थी।

मैंने उसको सारी बात एक सास में बता दिया, लेकिन एक गड़बड़ी ये हो गई कि मैं पढ़ाकू देवी के जगह शुर्वी नाम बताते हुए बोला। जिससे राजीव पूरी बात समझने के बाद कहा "वो तो ठीक है, लेकिन ये शुर्वी कौन" राजीव के इस बात को सुनने के बाद हँसी तो आ रही थी। मगर समस्या अधिक होने के कारण हमने हँसा नही।

मैंने अपने माथे पर हल्के हाथ से मारते हुए कहा "बताओ साले को शुर्वी कौन है, पता नहीं। तुम बताओ बे" मैंने कहा सुरेश से राजीव को समझने का ईशारा करते हुए।

"तुमभी साले पगला गए हो" सुरेश ने मुझसे कहा फिर वो बोला "अबे पढ़ाकू देवी से पंगा हो गया है" राजीव नाम सुनते ही हैरान रह गया।

"अबे ये क्या कह रहे हो" राजीव ने अचानक कहा।

"सही बोल रहे है। और ये लो आंवला, इसी के चक्कर मे हुआ" सुरेश ने अपना अवाला राजीव को पकड़ाते हुए कहा।

"यार आज सर भी लेट कर रहे है आने में" मैंने कहा

"अबे चल, जवन होई तवन देख लिहल जाई" राजीव ने कहा मनोबल बढ़ाते हुए।

"सही बोल रहे हो" मैंने कहा और फिर सुरेश को सारी बात फिर समझाते हुए कहना जारी रखा "उसकी तरफ बिल्कुल मत देखना, सीधे अपने सीट पर बैठ जाना। और मैं पीछे से आता हूं।

सुरेश 'हाँ' कहते हुए चला गया, उसके साथ राजीव भी था।

शुर्वी क्लास के बीच वाली पंक्ति में दूसरे नम्बर सीट पर बैठती थी, जहाँ से दरवाजा साफ दिखता था।

मैंने हिम्मत जुटाई और सीधे क्लास में घुस गया। वो कहते है ना, अक्सर ज्ञान देने वाला ही गलती करता है।

क्लास में घुसते ही मेरे दिमाग में एक हलचल सी हुई और मेरी नज़र उठ गई, नजर उठते ही शुर्वी पर पड़ी, जो मुझे ही देख रही थी। यह देखते ही मेरा शरीर नियंत्रण खोने लगा, जहां से तुरंत अपने सीट पर जाने के लिए मैं दौड़ लगाने के लिए आगे बढ़ा कि मेरा पैर फिसल गया और मैं लडखडाते हुए अपने सीट तक पहुँचा।

पहुचते ही मैंने तुरंत कहा "वो जान गई है। उसकी नज़र हमीं को देख रही थी" मैंने कहा हाँफते हुए।

"मतलब तुम साले उसको निहार*(देख)* के आ रहे हो" सुरेश ने कहा खिसियाते हुए।

"अबे हम तो ये पता लगा रहे थे कि वो पहचान रही है कि नही" मैंने अपना सिर नीचे करते हुए कहा।

"जब गलती अपने ही करना रहता है तो हमें काहे ज्ञान देते हो" सुरेश ने फिर उसी मुड़ में कहा।

ये बाते चल ही रही थी कि जतिन सर अपना क्लास लेने के लिए आये| वो थोड़े time से लेट थे। और आज सिर्फ उनका ही क्लास चलने वाला है, इसके बाद कोई क्लास नही है। हमने तो सोच लिया था, कि शुर्वी जतिन सर को बताएगी जरूर लेकिन उसने कुछ नही बताया। और क्लास खतम हो गया। हम लोगो ने राहत भरी सांस लेते हुए क्लास से सबसे पहले निकल कैंटिंग के लिए चल दिए।

हम तीनो राहत से भरी गहरी सांस लेते हुए कैंटिंग के टेबल नम्बर 11 पर बैठे, बाते कर रहे थे। चर्चा मे अभी वही बात हो रही थी |

“अबे हम तो सोचे कि आज हम लोग पीसे गए। चलो अच्छा है कि देख नही पाई” मैंने कहा अपने हाथों से टेबल पर हल्के से मारते हुए साथ मे चेहरे पर हँसी थी।

राजीव ने मेरे हाथ पे मारते हुए बोला “अबे हम तो पहले ही बोल रहे थे, वो देखी नही होगी” राजीव कहते हुए एक हँसी के साथ खड़ा होकर काउंटर के तरफ जाने लगा, जहाँ समोसे का ऑर्डर होता है।

राजीव की बात सुन सुरेश ने कहा “अबे ये कब बोला है” सुरेश ने राजीव को गाली देते हुए कहा।

मैं और सुरेश बैठे बाते कर रहे थे कि पीछे से कोई मुझे धक्का दिया मैंने पीछे मुड़कर देखा तो राजीव था।

मैंने अपनी दोनों आँखे सिकोड़ते हुए कहा”अबे क्या मजाक है बे” राजीव बिना समय गवाये ही कहा “अबे कैंटिंग के गेट पर देखो कौन है फिर चिल्लाना” राजीव ने कहा समोसा पकड़ाते हुए।

मैं और सुरेश कैंटिंग के गेट पर देखे शुर्वी खड़ी थी, यह देख हमने तुरंत अपने नज़रों को हटा लिया | राजीव भी कुर्शी पर बैठ गया।

“देखो वो आई होगी कैंटीन में। हमें उससे कुछ मतलब नहीं, उसके तरफ देखना मत” मैंने कहा, अपने दोनों हाथों का सहारा लेते हुए राजीव और सुरेश को समझाया।

“साले तुम समझ लेना, ‘बाकि हम समझदार है” सुरेश ने कहा

“ठीक बा” मैंने कहा

“लेकिन आज तक मैंने उसको कैंन्टीन में नही देखा” राजीव ने तर्कपूर्ण बात कही।

हम तीनो ही शांत बैठे थे, समोसा टेबल पर था, जिसे हम खा नही रहे थे। चाय भी आ गई, जिसे हम पी नही रहे थे। तभी एक दस्तक हुआ, वो था मेरे टेबल पर दाएं ओर आया वो पत्थर, जिसे मैंने दो घंटे पहेले

आंवला तोड़ने के लिए इस्तेमाल किया था। जो इस वक़्त शुर्वी के हाथों से टेबल पर रखा गया है। अब तक हम तीनों को समझ मे आ गया था कि वह हमें देख ली इसलिए बचाव का कोई फायदा नही है। उस पत्थर को देखने के बाद मैंने अपनी नज़र ऊपर कि ओर मोड़ी, एक साधारण मुस्कान के साथ। लेकिन उसके चेहरे पर मुस्कान नही थी, जिसे देखते हुए मैंने बैठने को कहा। तुरन्त सुरेश ने कुर्सी सरकाई और राजीव ने कहा "अरे आज तो क्लास कि टॉपर आई है" राजीव ने एक मोह लेने वाली मुस्कान के साथ कहा। लेकिन इसका असर कुछ नहीं पड़ा।

"वो आपका कुछ सामान सड़क पर गिर गया था, सोचे कि वापस कर दे" शुर्वी ने कहा एक दम सिंपल अंदाज में, उसके चेहरे पर न खुशी थी न गुस्सा।

जिसका फायदा उठाते हुए मैंने अपनी गलती मानते हुए कहा "देखिए हमसे गलती हुई है। आप बैठिए, आपको पूरी बात समझाते है"

मेरी बातों को सुनने के बाद शुर्वी हल्के से मुस्कुराते हुए कुर्सी पर बैठ गई। फिर मैंने सुरेश से पूरी बात बताने के लिए कहा। और सुरेश ने पूरी बात राजीव को दोष देते हुए बताया, वही राजीव चुप था। क्योंकि वो जनता था कि यहां बोलना ठीक नही है।

शुर्वी ने एक मुस्कुराहट भरे अंदाज में जो आगे जाकर एक हल्की हँसी में बदल गई उसने कहा "चलो अच्छा है तुम लोगो ने अपनी गलती मान लिया। यह सबसे अच्छी बात है"

उसकी बातें सुनने के बाद हम सभी के चेहरे पर मुस्कान थी। मैंने तुरंत बोला राजीव से "राजीव जाओ ज़रा समोसा बोल दो"

"नहीं नहीं मैं समोसा नही खाती" शुर्वी ने कहा

"अच्छा तो चाय पी लीजिये" सुरेश ने कहा।

"रहने दो। मैं जा रही हूँ" शुर्वी ने कहा।

शुर्वी जाने कि तैयारी में थी, तभी मैंने के कहा “अच्छा। एक बात बताइये, आपने हमें पहचाना कैसे, हम पेड़ के पीछे छिप गए थे” मेरे कहेते ही शुर्वी हँस पड़ी

हँसते हुए शुर्वी ने कहा “अगर तुम क्लास में मुझे देख कर लड़खड़ाए ना होते” यह सुनने के बाद मैं सुरेश के तरफ देखा और सुरेश मुझे ही घूर रहा था। मैंने अपनी नज़र तुरंत हटाई । फिर शुर्वी कुर्सी से उठते हुए कही “एक बात और” वह हाथों से मेरे सर्ट को इशारा करते हुए कही “यह जो ब्लू सर्ट पहने हो, उससे पहचाना है क्योंकि क्लास में कोई इस कलर का सर्ट नहीं पहन के आया है” शुर्वी ने कहा और वहां से चली गई। मैं उसके दिमाग को मान गया, ऐसे ही नहीं वो फर्स्ट आती है |

शुर्वी की वह दस मिनट कि मुलाक़ात मेरे जीवन में एक बदलाव ला दिया। उसकी मुस्कुराने का अंदाज सबसे अलग था। जो उसके खूबसूरत चेहरे पर निखर जाता था। उसकी आंखे थोड़ी बड़ी जैसे किसी छोटी बच्ची कि आंख हो, और पलकों का वो बाल जो इस तरह से मुड़ा था जैसे फिल्मों में एक हीरोइन का होता है। उसके होठो के उपर दाई ओर तिल था जो उसकी चेहरे कि खूबशूरती पर चारचांद लगा देता था। यह सब उसे कुदरत से तोहफा मिला था। उसके बाल ज्यादा बड़े नही थे, फिर भी उसपे जचते थे। उस दस मिनट में मैंने उसे बस इतना ही निहारा था।

एक बात मुझे विचलित यह कर रही थी कि आज से पहले यह सब मुझे क्यों नही दिखाई दिया जिसका उत्तर मेरे पास नहीं था।

खैर, हम कैंटीन के बाहर आ गए थे, और मैंने समोसा नही खाया। जिसे लेकर सुरेश और राजीव मुझसे पूछे जा रहे थे कि आखिर तुमने समोसा खाया क्यों नही। उसके बाद मैं एक राजा कि तरह सीना फूलाते हुए कैंटिंग के बाहर सुरेश और राजीव से दो कदम आगे बढ़ते हुए कहा “आज के बाद समोसा कोई नही खायेगा” इतना कहते ही मैं चुप हो गया।

इतना सुनते ही दोनों मेरे पास आते हुए बोले “काहे बे” दोनों के चेहरे पर चिंतित लकीर थी।

“अबे सोच, शुर्वी एक लड़की हो के समोसा नही खाती, और हम लड़का हो के समोसा खाये। वैसे भी ये हमारे हेल्थ के लिए सही नहीं है | इसलिए कल से समोसा खाना बंद” मैं अभी भी उसी मुद्रा मे था, और सबको ज्ञान दे रहा था |

“बक्क साले पगलाओ मत। अरे वो तो पढ़ती भी है और हम बस घण्टा हिलाते है” सुरेश ने कहा गुस्से में

“आज से घण्टा हिलाना बन्द, पढ़ाई शुरू” मैंने कहा

“एक बात बताओ जब हमको पढ़ना रहता तो किसी यूनिवर्सिटी से पढ़ाई करते, ना कि किसी कॉलेज से समझे” सुरेश ने कहा मुझे समझाते हुए।

“हम कुछ नही जानते समोसा बन्द तो बन्द” मैंने कहा अपनी आँखें सुरेश से हटाते हुए।

“तो तुम साले करो जो करना है। हमे काहे पीस रहे हो” सुरेश ने कहा।

“क्योंकि तुम दोनों मेरे दोस्त हो” ये कहते हुए मैं वहाँ से चला गया।

इतना बड़ा फैसला, वो भी अचानक से, सुरेश और राजीव को हैरान कर दिया था। अरे भाई हैरान क्यों ना हो उनके मर्जी के बिना उनपर लिया गया फैसला थोपा गया वो भी मेरे द्वारा। यह खबर यही तक नहीं रही इस खबर कि गूंज वहाँ तक गई जंहा तक नही जाना चाहिए था। मतलब शुर्वी तक यह बात पहुँच गई। यह खबर शुर्वी तक पहुँचने से मुझे बहुत लाभ हुआ वो कैसे आगे पता चलेगा।

***

इस घटना को घटे एक हफ्ता हो चुका था। सुरेश और राजीव के व्यवहार में थोड़ा बदलाव था। लेकिन इसका फर्क मुझ पर नहीं पड़ सका, क्योंकि मैं तो अलग ही दुनिया मे जी रहा था। जहाँ अब शुर्वी के एक मुस्कान देखने के लिए रोज क्लास में लेट जाता ताकि शुर्वी मुझे सीट पर बैठी दिख जाए और मुस्कुराहट के साथ मेरा स्वागत

करे। पिछले एक हफ्ते से ऐसा ही हो रहा था, लेकिन बात नही हो पाती थी।

और एक बात, जो लड़का एक सर्ट को दो दिन तक और सिंपल तरीके से पहनता था, वही लड़का अब टी- सर्ट और उसके उपर सर्ट जिसकी पूरी बटन खोलकर पहनने लगा, आंखों पे चश्मा जो रोज बदला जाने लगा था। हाथों में घड़ी जिसे दिन के हिसाब से पहना जाने लगा था। बाल बिखेर के चलने वाला लड़का अब बालों को सवार के चलने लगा। जो दो दिन पे एक बार नहाता था वही अब दिन में दो दो बार नहाने लगा। पहले bike चलाने के लिए झगड़ा होता था कि तू चलाएगा, वो अब नहीं होता, क्योंकि वो लड़का अपने बालों को उड़ाते हुए चश्मा लगाए गाड़ी चलाने का ज़िम्मा जो ले लिया था।

पिछले एक हफ्ते से जो परिवर्तन मेरे अन्दर हुआ, वो सिर्फ शुर्वी के लिए था। जिसका पता सुरेश और राजीव को चल चुका था।

इसलिए दोनों मिलकर एक प्लान बनाये। उस दिन कॉलेज हम समय से काफी पहले आ गए थे| राजीव bike को स्टैंड में लगाने गया था। राजीव ने उस दिन जबदस्ती bike चलाने कि जिद्द किया था। मैं और सुरेश स्टैंड के बाहर खड़े थे।

"सारथक तुम चलो मैं राजीव को लेकर आता हूं" सुरेश ने कहा अपना बैग पकड़ाते हुए।

"तीनो साथ में चलते हैं ना" मैंने कहा।

"अबे पागल हो क्या, 'जाओ देखो शुर्वी आई है क्या" सुरेश के कहते ही मैं बिना कुछ बोले उसे देखने लगा "उससे नोट्स मांगना है" सुरेश ने कहा कुछ पल रुकते हुए।

पहेले तो मेरे चेहरे पर मुस्कान आई क्योंकि मुझे अब शुर्वी से बात करने का बहाना मिल गया था। इसलिए बिना सोचे समझे मैंने कहा "ठीक है मैं चल रहा हूँ तुम दोनो जल्दी आना" कहेते हुए मैं क्लास के लिए चल दिया।

ये तो उन दोनो का प्लान था जिसमे मैं फँस चुका था। मैं वहाँ से चला जाऊं ताकि वो शुर्वी से अकेले में बात कर सके और मुझे इतना भी

ध्यान नहीं रहा कि मैं कॉलेज में समय से पहले आया हूँ और इस वक़्त शुर्वी आई ही नहीं होगी।

दोनों टक टकी लगाये शुर्वी का इंतजार कर रहे थे, तभी एक white Activa से एक लड़की आई, जो अपनी स्कूटी को स्टैंड में लगा कर बाहर आती है उसी बीच मे सुरेश आवाज देता है "हेल्लो शुर्वी जी" वो पीछे पलटी। आवाज देते हुए सुरेश और राजीव उसके पास गये।

"शुर्वी जी हम आपके ही क्लास के स्टूडेंट्स हैं" सुरेश ने कहा।

"हाँ मुझे पता है। तुम तीनो को कौन नही जानता और तुम्हारा दोस्त कहाँ हैं" जो क्लास का स्टार है" शुर्वी ने कहा मस्करी करते हुए साथ मे चेहरे पर मुस्कान भी थी।

"अरे उसी का बात करना है" सुरेश ने कहा थोड़े परेशान होते हुए।

शुर्वी ने अपनी आँखें शिकोडते हुए बोली "मतलब"।

सुरेश ने मतलब बताते हुए पूरी बात उसने बताई कि उस दिन जब वो कैंटिंग से चली गई तो क्या हुआ था।

"सच मे वो पागल है" शुर्वी ने कहा हँसते हुए।

"अरे ऐसे मत हँसीए। हमदोनो परेशान है। कुछ समझाइये उसे" राजीव ने कहा।

शुर्वी की हँसी अभी भी रुकी नहीं, उसने हँसते हुए कहा "उसे आज कैंटिंग में लेकर आओ समझा दूँगी" शुर्वी ने कहते हुए वहाँ से क्लास के लिए चली गई।

इधर मैं क्लास में अकेले बैठा था। कुछ देर बाद शुर्वी आई और अपने सीट पर बैठ गई। उसने मेरी तरफ नहीं देखी। उसके पीछे सुरेश और राजीव भी क्लास में आ गए थे।

आते ही सुरेश ने मुझसे कहा "भाई काम हो गया"मैं उसकी बात सुनकर उदास हो गया क्योकि मैंने शुर्वी से बात करने का अवसर खो दिया था। मैंने वहाँ कुछ नही कहा। और हमारी क्लास चलने लगी।

***

लेक्चर के बाद हम हॉस्टल के लिए निकले। मेरा मन अभी भी उदास था।

"अबे मैं सोच रहा हूँ कैंटिंग चला जाए वैसे भी चाय तो पी ही सकते" सुरेश ने कहा।

"हाँ यार सही बोल रहे हो, बहुत दिन हो गया है" राजीव ने कहा।

मैंने कुछ नही कहा और उन दोनों के साथ कैंटिंग चला गया। कैंटिंग पहुँचते ही दोनों उस सीट के तरफ बढ़ने लगे जहाँ आलरेडी एक लड़की बैठी थी। दोनों उसके पास जाकर बैठ गए और बात करने लगे, जिसे देख मैं भी उनके पास गया।

अरे ये क्या शुर्वी समोसा खा रही है। उस वक़्त मैं अपने आंखों पर विश्वास नहीं कर पा रहा था। मैं खड़े होकर उसे बस देखे जा रहा था। उसने मुझे बैठने के लिए कहा जो मैं सुन ना सका। मैं अबभी खड़ा ही था। सुरेश और राजीव बहुत खुश थे क्योंकि अभी तक उन्हें ये पता था कि शुर्वी मुझे सिर्फ समझाने के लिए समोसा खा रही है।

"अरे यार तुम तो समोसा नही खाती हो ना" मैंने कहा शुर्वी से वही खड़े रहते हुए।

"किसने कहा" शुर्वी का जवाब सुन मैंने अपनी आंखे बड़ी कर ली और कहा

"अरे यार उस दिन तो तुम्ही ने कहा था"

"अच्छा। उस दिन मुझे समोसा खाने का बिल्कुल मन नही था, 'अगर मैं उस दिन सीधे मना कर देती तो तुम लोगो को बुरा लग जाता" शुर्वी के इतना कहते ही सुरेश और राजीव कि हँसी गायब हो गई और मुझे ऐसा लगा कि कोई मुझे चलते हवाई जहाज से फेक दिया हो बिना पैराशूट के।

फिर मैंने अपने आप से बड़बड़ाते हुए कहा "बुरा तो अब लग रहा है" मैंने कहा धीमे स्वर में।

मेरी नज़रे आश्चर्य से नीचे झुकी थी, और सबसे बड़ी दुविधा तो मेरे लिए यह थी कि राजीव और सुरेश से नजर कैसे मिलाऊ। मैंने हिम्मत

कर उनके तरह देखा वो दोनों गुस्से से मुझे ही देख रहे थे, मैंने अपनी नज़र नीचे कर ली।

मेरे नज़र नीचे करते ही राजीव ने मेरा हाथ पकड़ खिंचा और सुरेश मेरा सर अपने बाजू में पकड़ के नीचे झुका दिया और दोनों मेरे पीढ़ पर मारने लगे। जिसे देख शुर्वी कुर्सी से उठ गई और दोनों को डांटने लगी।

“अरे ये क्या कर रहे हो। छोड़ो उसको” शुर्वी ने गुस्से में कहा, जिसे सुन दोनों रुक गए आगे शुर्वी ने कहा “तुम दोनों के पास बुद्धि है कि नहीं, ऐसा भी भला किसी को मारा जाता है” शुर्वी ने कहा मुझे पकड़ कर कुर्शी पर बैठाते हुए।

अब हम सभी बैठ चुके थे। सुरेश और राजीव का गुस्सा अभी शांत नहीं हुआ था, जिसे देखते हुए मैंने उन्हें मनाने कि बहुत कोशिश की, वो मान भी गए लेकिन एक सजा सुनाने के बाद, जिसे राजीव ने अपने अंदाज में सुनाया।

आपको सूचित किया जाता है कि आपको सजा के तौर पर पूरे एक हफ्ते समोसा और चाय नहीं पीना लेकिन हमारे साथ आपको रोज कैंटिंग मे आना है, साथ ही पूरे हफ्ते भर का कैन्टीन का पैसा आप देंगे और यह सजा इसी वक्त से शुरू किया जाता है।

अब ये तो वही बात हो गई कि सामने खाना रखा गया हो और आप खा ना पाओ।

यह सारी सजा मुझे भुगतना था, इसलिए मैंने हाँ में अपना सिर हिलाया, जिसे देख शुर्वी हँस पड़ी। अरे हँसे क्यों ना उसने पहली बार ऐसी दोस्ती देखी थी।

उधर सुरेश और राजीव समोसा खाते हुए हँस रहे थे, इधर शुर्वी मुझे समझाने में लगी थी।

“पहली बात ये कि कभी अपने आप को बदलना मत, क्योंकि तुम जैसे हो वैसे अच्छे हो, तुम अपने क्लास मे सबसे अलग हो, हमेशा खुश रहते हो, तुम्हारे इतने अच्छे दोस्त है, यही तो चाहिए एक इंसान

को अपने लाइफ में" शुर्वी कि ये बातें सूनने के बाद मुझे सुरेश और राजीव द्वारा दिया गया सजा, सजा नहीं लग रहा था | फिलहाल मैं बहुत खुश था | शुर्वी के मुँह से यह बात जैसे अमृत कि बर्षा कर मेरे कानों में घुल गया हो। लेकिन हाँ ये दोस्त वाली बात उसने गलत कहा | फिर भी मैं अपने आप को कुछ अलग समझने लगा था।

जो भी हो लेकिन मुझे इस बात कि खुशी थी कि शुर्वी से बात हुई और इसका फायदा मुझे उससे दोस्ती करने में मिला। आगे जाकर हमारी दोस्ती क्लास में प्रचलित भी हुई। दोस्ती होने के बाद हमें पता चला कि शुर्वी के सबसे बड़े भईया पुलिस में हैं, वो भी एक झगड़े के दौरान मालूम चला। और इसका फायदा भी हम लोगों ने खूब उठाया।

***

इस घटना के दो महीने बाद कि बात है, नवम्बर महीना शुरू था, हल्की ठंठंक थी। और हम ग्रुप में तीन की जगह चार लोग हो गये थे उस वक्त सुबह आंवला तीन के जगह चार तोड़े जाते थे। जिसे रोज शुर्वी को देने मैं जाता था।

एक दिन क्लास के बाद हम चारो अपने मस्ती में कैन्टीन जा रहे थे। जहा मैं और शुर्वी बीच में चल रहे थे, वही राजीव शुर्वी के साइड में और सुरेश मेरे साइड चल रहा था। तभी पीछे से आवाज आई जो बहुत तेज थी। जिसे देखने के लिए हम चारो पलटे देखा सामने से एक बुलेट जिसपे दो लड़के बैठे, बहुत तेजी से हमारे ही तरफ आ रहे थे। पहला लड़का एक्सलेटर को तेजी से ऐठते हुए और दूसरे लड़के ने अपने चश्मे को हल्का सा नीचे कि ओर खिसका कर शुर्वी की ओर देखते हुए सिटी मारकर कमेंट करते हुए, एक दम राजीव के पास से लेकर गया और राजीव बौखलाते हुए कहा "अबे साले (*मा कि गाली*) के साथ अपनी माँ का दूध पिया है तो यहां आओ" इतने में उस लड़के ने अपनी गाड़ी रोक दिया। वो हमारा सीनियर था।

"इस तरह गाड़ी चलाई जाती है" राजीव पूरा गरम था। गुस्सा तो सुरेश और मुझे भी आ रहा था, लेकिन हम दोनों ने गाली नही दिया, जिस वजह से दोनों लड़के गाड़ी से उतरते ही राजीव के पास गए,

माँ-बहन की गलियां देते हुए एक लड़के ने कहा "मैं चलाता हूँ ऐसे गाड़ी। बता क्या कर लेगा बे, हमको पहचान नहीं रहा क्या"

राजीव गुस्से में था ही इसलिए उसने फिर से गाली दी। सिचुएशन को हैंडल करने के लिए तुरंत सुरेश ने राजीव को चुप कराने लगा और मैं बीच बचाव के लिए उन लड़कों के और राजीव के बीच खड़ा होकर समझाने लगा। लेकिन दूसरे लड़के ने राजीव का कालर पकड़ने के लिया मुझे साइड धक्का दे दिया और राजीव का कालर पकड़ गाली देने लगा। राजीव बिना देखे सुने उसने भी कालर उस लड़के का पकड़ लिया। जिसे देख मैं समझ गया कि मामला संभलने वाला नही है, इसलिए मैं उस दूसरे लड़के को पीछे से धक्का मारते हुए जो अपने दोस्त के मदद के लिए जा रहा था।

"बहुत हो गया, अब बुरा हो जाएगा" मैंने कहा

उधर पहले वाले लड़के ने राजीव को जमीन पर गिरा दिया था, और सुरेश ने उस लड़के को अपने पैरों से मार दिया, जिस की वजह से वह लड़का भी जमीन पर गिर पड़ा था। राजीव ने उठते ही उस लड़के के गालों पर चार पांच थप्पड़ जड़ दिया था।

माहौल बहुत गंभीर हो गया था। आस पास भीड़ भी हो गई थी।

और मैं दूसरे वाले लड़के को गाली देते जा रहा था, मेरे सिर पर भूत सवार हो गया था। मैंने उस लड़के का बायां हाथ मरोड़ दिया क्योंकि अभी कुछ सेकेंड पहले उसने मेरे सीने पे जोर से मारा था और मेरा दिमाग खराब हो गया। तभी पहला वाला लड़का भीड़ देख तुरन्त दूसरे वाले लड़के के पास आ कर चलने के लिए कहा। और मैंने उसका हाथ छोड़ दिया।

दोनों गाड़ी पर बैठ हमको धमकी देते हुए कहे "तुमने ठीक नहीं किया, कॉलेज के गेट पर मिलो, ' सालों बचोगे नही" इतना बोलते हुए दोनों चले गए।

कुछ देर बाद हम तीनो हँसने लगे लेकिन शुर्वी थोड़ी चिंतित दिखाई दे रही थी। वो अपने फ़ोन से किसी को बार बार कॉल कर रही थी।

बात करने के बाद शुर्वी हम लोगों के पास आई और मेरा हाथ पकड़ते हुए कही....

“चलो मेरे साथ लाइब्रेरी कुछ काम है” शुर्वी ने कहा मुझे खिंचते हुए।

“अरे यार हम लोग वहाँ जाकर क्या करेंगे” मैंने कहा

“कुछ काम होगा। चलो चला जाय, वही से निकल लिया जाएगा हॉस्टल के लिये” सुरेश ने कहा

“हाँ वही तो” शुर्वी ने कहा

राजीव हँस पड़ा। फिर अपने आपको संभालने के बाद कहा “मैं इस हालत में लाइब्रेरी नही जा पाऊंगा” राजीव ने अपना सर्ट दिखाते हुए कहा। गिरने की वजह से राजीव का सर्ट हल्का सा पीछे से फट गया था और खुद धूल से नहाया हुआ था। हाथ मे हल्की सी चोट भी थी।

“वो तो ठीक है लेकिन तुम हँस काहे रहे हो” सुरेश ने कहा।

“कुछ नही” राजीव ने फिर हँसते हुए बोला।

“हाँ यार राजीव। मैं भी जाने के हालात में नहीं हूँ। ऐसा है, तुम दोनों जाओ हम हॉस्टल के लिए जा रहे है” मैंने कहा।

“अरे यार चलो” सुरेश ने कहा।

“अगर तुम तीनो मेरे साथ नही चलोगे तो कल से मुझसे बात मत करना” शुर्वी ने कहा कड़े शब्दों में एक दम धमकी देते हुए।

“यार येतो गलत बात है। ऐसा कौन करता है ब्लैकमेल, वो भी एक लॉ के स्टूडेंट्स को” राजीव ने कहा मुस्कुराते हुए।

“क्या करें तुम लोग मेरी बात मानते ही नहीं हो” शुर्वी ने कहा।

“अच्छा। इसका मतलब यह हुआ कि अगर घी सीधी उंगली से ना निकले तो ऊगली टेढ़ी करलो” मैंने कहा चलते हुए उसके साथ, राजीव भी सुरेश के कंधे पे हाथ रखे हुए हमारे साथ चलने लगा।

“जी नही मैं घी नही खाती, वैसे भी घी निकालने के लिए स्पूनं(चम्मच) का इस्तेमाल किया जाता हैं” शुर्वी ने कहा हँसते हुए और साथ मे हम तीनों भी ठहाका मारते हुए हँस दिए।

यह सारी बाते करीब बीस मिनट से चल रही थी। और हम लाइब्रेरी के लिए जाने लगे।

मैं औऱ सुरेश राजीव के प्रशंसा में लगे थे, और शुर्वी कुछ परशान सी थी, मैंने उससे पूछा भी “क्या हुआ” उसने मुस्कुराते हुए कहा “नही कुछ नही”

फाइनली हम लाइब्रेरी के बाहर खड़े थे। अंदर जाने ही वाले थे कि, शुर्वी का फ़ोन बजा और वो बात करने के लिए हमसे थोड़ी दूर हो गई।

“एक मिनट रुको तुम लोग, मैं बात करके आती हूँ” शुर्वी ने कहा।

मैनें सिर हिलाया हाँ कहते हुए और आपस में बात करने लगे।

“शुर्वी कुछ परेशान नहीं लग रही है?” मैंने कहा, ये बात सुन राजीव भी हाँ में सिर हिलाया|

“हाँ यार, सही बोल रहे हो मुझे भी लग रहा है” सुरेश ने कहा।

तब तक शुर्वी आते ही कही “चलो घर चला जाए” वो जल्दी में आगे बढ़ने लगी, मैं वहीं खड़ा था। मुझे देख शुर्वी ने फिर से कहा “चलो यार घर से कॉल था जाना होगा” शुर्वी की बात सुनकर मैं गुस्से से उसको देखने लगा।

“अरे यार ये क्या मजाक है” मैंने कहा शुर्वी को घूरते हुए, राजीव मेरे कंधे पर हाथ रख चुप रहने को बोला। शुर्वी बिल्कुल शान्त खड़ी हो गई, उसको लगा कि मैं गुस्सा हो गया हूं, क्योंकि हमारी हालात नही थी कि हम लाइब्रेरी जा सके, लेकिन उसके कहने पर गए थे। मैंने राजीव का हाथ हटाया और कहा “बताओ, तुमको कुछ समझ है, राजीव का क्या हाल हैं फिर भी तुम्हारे कहने पर वो यहाँ आया है, और तुम आकर सीधे बोल रही हो, चलो चला जाये, क्या काम था क्या

नही, कुछ बता भी नही रही हो" मैंने अपने सर पर हाथ रखते हुए कहा।

सुरेश मेरा हाथ पकड़े हुए कहा "जाने दो यार"

शुर्वी एक दम शांत भोली बनकर खड़ी थी, उसकी नजरें नीचे थी, और मैं उसके सामने खड़ा था। कुछ ही सेकेंड बाद उसकी नज़र ऊपर उठी जो हल्की नमी मे थी। लेकिन मैंने ध्यान नहीं दिया, क्योंकि आज तक उसे किसी ने डाँटा नही था। वो अपने परिवार की लाड़ली लड़की और तीन भाइयों की इकलौती बहन थी, और सबसे छोटी थी। जिस की वजह से वह जो भी गलती करती थी, उसे लोग नज़रंदाज़ कर देते थे।

शुर्वी की नज़र मुझपे पड़ते ही मैं हँसने लगा, साथ में सुरेश और राजीव भी, क्योंकि वो जानते थे कि मैं मजाक कर रहा हूँ| उसकी नमी भरी आँखे अब धीरे धीरे आँशु में बदलने ही वाले थे कि हम तीनों शांत हो गए और मैंने उसके आंखों को अपने हाथों से कोमलता से पोछा। फिर वो अपने आप को संभालते हुए मेरे कन्धे पर धीरे धीरे मारने लगी, तीन चार बार मारने के बाद अपने हाथो को अपने चेहरे पर ले जाकर, नाक को हाथों से ढकते हुए, आंखों को बंद कर रोने लगी।

जिसे देख मैंने तुरंत माफी मांगते हुए कहा "आज के बाद कभी ऐसा मजाक नहीं करूंगा" अपने दोनों कान पकड़ते हुए मुझे देख राजीव और सुरेश भी माफी मांगे लेकिन बिना कान पकड़े।

***

कुछ देर बाद हम कॉलेज के गेट पर थे। जहाँ हमारी मुलाकात उस लड़के से हुई, जिससे अभी कुछ देर पहले ही हमारी लड़ाई हुई थी। वो लड़का अपने साथ कई लोगो को लेकर आया था, जिसमें करीब बीस से पच्चीस लड़के थे। जो हमे ही ढूंढ रहे थे। इसको नज़रंदाज़ करते हुए हम bike लाने के लिए स्टैंड के तरफ चल दिये और शुर्वी को जाने के लिए बोल दिया तभी आवाज आई.......

"अबे सालो कहाँ जा रहे हो" आवाज उसी लड़के की थी, जिसको राजीव ने मारा था।

हम तीनों खड़े हो गए, राजीव को पीछे करते हुए, उधर वो लड़का आ रहा था साथ मे कई लड़के भी थे।

"तुम साले कुछ बोलना मत" मैंने कहा राजीव से।

वह लड़का तेजी से आया औऱ हमदोनों को पीछे धकेल राजीव का कालर पकड़ उसे खिंचते हुए बोला "बहुत चर्बी चढी थी न अब बोल। साले जानते नही हो हम कौन है" उस लड़के ने कहा पूरे गुस्से से।

"अरे देखिये भईया गलती हो गई। माफी मांग लेगा" सुरेश ने कहा और राजीव को इशारा किया माफी मांगने के लिए, लेकिन राजीव शांत खड़ा था।

"हाँ माफी मांगो बे" मैंने कहा राजीव से।

"कैसा माफी, पहले इससे निपट ले, फिर तुम दोनों से मिलते है। साले तुम दोनो भी बहुत उछल रहे थे" उस लड़के ने कहा राजीव का कालर पकड़े हुए, और अपनी ओर खींचा, फिर थोड़ी दूरी पर खड़े हो कर उसने ऐसा थप्पड़ मारा, जो सीधे राजीव के कान के नीचे लगा। जिसकी आवाज मैं आज तक नही भूला हूँ। यह देख मुझे नही रहा गया और मैंने भी उस लड़के को एक हाथ मार दिया सुरेश पूरे मूड में गाली देने लगा, तभी पीछे से आवाज आई

"यहां क्या हो रहा है" वह आवाज एक पुलिस वाले की थी जिसके साथ शुर्वी भी थी। हम लोगों ने सोचा क्या time पे शुर्वी पुलिस को लेकर आ गई है इसके लिए हम तीनो ने मन ही मन धन्यवाद दिया।

सबके सब शांत हो गए और उसके साथ के कुछ लड़के अपना रास्ता पकड़ते हुए चले गए। उस पुलिस वाले ने अपने पीछे एक इन्स्पेक्टर से कहा

"अरे दरोगा जी, ज़रा इन लड़को को लेकर चलिए तो, बहुत गुंडा बन रहे है"

“जी सर” उस इंस्पेक्टर ने कहा और अपने साथ वाले पुलिस वालों को इशारा करते हुए, जिसमे कुछ सिपाही और वहां के चौकी इंचार्ज थे। जिनके कन्धे पर दो स्टार लगा था।

हम तीनो एक दम शांत थे। वही राजीव अपना हाथ वहां रखा हुआ था, जहाँ उस लड़के ने थप्पड़ मारा था। आस पास काफी भीड़ हो गई थी। हमारे क्लास के कुछ बच्चे आ गए थे। औऱ वो गार्ड अंकल भी थे, जो आई कार्ड चेक करते है। यहाँ सभी लोगो को ये बात मालूम चल गया कि ये सारी घटना जूनियर और सीनियर के बीच का है। वो पुलिस वाला बहुत हँसमुख जो अपने खड़े पुलिस वाले से हँसी मजाक के साथ बात कर रहा था। सभी लड़के माफी माँगने के मुद्रा में हाथ जोड़े खड़े होकर बोल रहे थे

“सर जाने दीजिये। गलती हो गया, आज के बाद ऐसा नहीं होगा” उस भीड़ से एक लड़के ने कहा, जिसका फायदा मैंने उठाते हुए कहा “सर जाने दीजिए। ये हमारे सीनियर है, इतना तो हक है इनका हमारे पे” मैंने कहा दो कदम आगे बढ़ते हुए। जिसे सुन सभी का चेहरा एक पल के लिए आश्चर्यचकित हो गया, फिर चाहे वो लड़का हो, जिससे हमारी लड़ाई हुई थी, या सुरेश, राजीव या शुर्वी हो। लेकिन उस पुलिस वाले को आश्चर्य नहीं हुआ।

उन्होंने पहले हल्का मुस्कान दिया और कहा “तुम सारथक हो” ये सुनते ही मैं हैरान रह गया, साथ ही सभी लोग जितने वहाँ थे, पुलिस वाले भी, सिर्फ शुर्वी और उस पुलिस वाले को छोड़ कर। मैंने अपने बढ़ाये हुए कदम को पीछे करते हुए “हाँ” में सिर हिलाया।

“मैं समझ गया। तुम्हारी सोच बहुत अच्छी है, मैं समझ गया हूं कि तुम इन लोगो को क्यों छोड़ने को कह रहे हो” पुलिस के मुँह से पहली तारीफ सुनने को मिल रही थी। यह एक ऐसी घटना थी, जो कभी भी घटित नही हुई, एक पुलिसवाले से आप कभी तारीफ नहीं सुने होंगे इसका कारण भी शूर्वी ही थी |

मैंने उन लोगों को ये सोच कर छोड़ने के लिए कहा क्योंकि ये हमारे सीनियर है| आखिर कहीं ना कहीं हमसे फिर मुलाकात होगी और अभी ढाई साल तक यहीं रहना है। इसलिए उनपर मैं अहसान कर

उनको अपने ही नज़रो में गिरने पर मजबूर कर दिया ताकि भविष्य में वो कभी हमसे उलझने की सोचे भी नही। और यही बात वो समझ गए जिस की वजह से मेरी तारीफ करने में संकोच नही किये।

कुछ देर बाद उन लड़कों को डांटते हुए पुलिस वाले समझा रहे थे और मैं सुरेश से यह पूछने में लगा कि "अबे एक बात बताओ। इसके कंधे पर तीन स्टार है, और उसके भी कंधे पर तीन स्टार है। तो काहे वो इसको सर बोल रहा है बे" मैंने कहा दबी आवाज में।

"साले गवार रह गए, तुमको इतना भी नही मालूम और चले हो ला के पढ़ाई करने" सुरेश ने कहा दबी आवाज में ताना मारते हुए।

"मालूम रहता तो हम तुमसे क्यों पूछते। वैसे भी हम तुहरे मतीन भर्ती नाही देखले बानी" मैंने कहा उसी अंदाज में।

"अबे ध्यान से देखो। उसके स्टार के नीचे लाल और नीले रंग का पट्टी है और इसके स्टार पर कुछ नही है" सुरेश के कहते ही मैंने बीच मे कहा "हाँ बे हाँ" सुरेश ने अपनी आवाज और धीमे कर लिया क्योंकि उन लड़कों को जाने के लिए बोल दिए थे।

"तो वो इंस्पेक्टर है और ये D.S.P. है, इसलिए सर बोल रहा है" सुरेश ने कहा

"अबे D.S.P. तो बहुत सीनियर होता है बे" मैंने कहा

"उतना भी नहीं होता लेकिन होता है" सुरेश ने कहा

"अबे का बोल रहे हो, होता है या नहीं" मैंने कहा

"अबे मेरे कहने का मतलब ये है कि सीनियर होता है, लेकिन इससे भी बड़े बड़े पोस्ट है" सुरेश ने कहा।

"कुछो होई साला हमारा नाम कईसे जानता है बे" मैंने कहा।

"जैसे लगता है उ हमार रिस्तेदार है कि हमके बताया होगा। तुम कुछ कांड किये होंगे साले, काण्डी तो हइये हो" सुरेश ने कहा।

कुछ देर बाद सब मामला शांत हो गया। राजीव, हम दोनों से दो कदम आगे खड़ा था। शुर्वी उस पुलिस वाले के पास खड़ी थी और बुला रही थी। हम सब उसके पास गए।

“भईया meet my friend’s सारथक, सुरेश and राजीव” शुर्वी ने कहा परिचय कराते हुए। हम अब भी कुछ समझ नही पाए थे। शुर्वी ने आगे कहा “ये है मेरे अनुराग भईया, जो यहां के D.S.P. है” शुर्वी ने गर्व से कहा। उसकी बातों को सुनने के बाद हमें पूरी बात एक झटके में समझ आ गई कि शुर्वी उस वक्त बार बार फ़ोन किसे और क्यों मिला रही थी।

हम अपनी परम्परा निभाते हुए तुरंत भईया के पैरों को छूने के लिए झुके। लेकिन उन्होंने हाथो से पकड़ लिया और कहा “क्या यार तुम तो अभी से बूढ़ा बना रहे हो” भईया ने कहा हँसते हुए।

मैं मुस्कुराने लगा, साथ मे राजीव भी लेकिन सुरेश कुछ ज्यादा ही उत्सुक था और उस उत्सुकता में उसने कहा “सर मेरा भी सपना था कि मैं पुलिस वाला बनूँ” “क्या बात है! लेकिन पुलिस बनने के लिए समोसा छोड़ना पड़ता है” भईया ने कहा हँसते हुए। जिसे सुनकर सुरेश का मुस्कान गायब सा हो गया| भईया ने फिर से कहा “अरे यार मैं मजाक कर रहा हूँ” सुरेश के कन्धे पर हाथ रखते हुए।

उसके बाद करीब दस मिनट बात हुई और भईया चले गए। हम लोग भईया से बहुत प्रभावित हुए। उन्होनों एक अलग ही छवि हमारे दिमाग मे पुलिस वालों कि बना दिये थे। फिर हम अपने रास्ते निकले, और शुर्वी भी घर के लिए चली गई।

यह दिन हमारे कॉलेज life का सबसे अच्छा दिन था, क्योंकि इसके बाद ये सारी बाते आग कि तरह पूरे कॉलेज में फैल गई। जिसका फायदा कुछ हमें मिला और कुछ हम लोगों ने उठाया, क्लास में हमारी इज्जत मानो एक अलग ही लेवल पर बन गई थी। जो हमसे बात भी नही करते थे, वो हमसे मित्रवत व्यवहार रखने लगे। और जिससे हमारी लड़ाई हुई थी, वो अब हमसे नज़र चुरा के चलने लगे| स्टैंड में अब हमारी गाड़ी कही भी खड़ी हो जाती थी, और गार्ड अंकल कुछ बोलते भी नही थे। और सबसे अच्छा हमारा परिचय पास

वाले पुलिस स्टेशन पर हुआ था। जिसका फायदा हम लोगों ने बखूबी उठाया, जैसे पहले bike पर ट्रिपल जाने में हिच किचाहट थी, लेकिन अब कोई प्रॉब्लम नही होता था औऱ यही कारण रहा कि अर्जुन से लड़ाई के बाद उसने कुछ कहा नही।

कभी कभी मैं यह सोच के सहम जाता हूँ वि अगर शुर्वी से हमारी दोस्ती नहीं रहती या फिर शुर्वी ने चालाकी नही किया होता तो हम लोगो का क्या होता|

वह जानती थी कि अगर कही मैं इन लोगो को पूरी बात बताऊंगी तो ये सब रुकेंगे नही, चल पड़ेंगे झगड़ा करने। इन्ही सारी बातों का ध्यान रखते हुए उसने एक समझदारी का काम किया था जिस की वजह से उसका सम्मान मेरे द्दष्टि में और बढ़ गया। उसने मेरा साथ एक बार नही बल्कि कई बार दिया है और आज भी दे रही हैं।

यह था हमारा यार से प्यार तक का सफर जो अभी भी जारी है |

***

इस वक़्त वह रेलवे स्टेशन से चली गई। जो मुझसे मिलने के लिए आई थी। जिसने मुझे टिफिन थमाते हुए उदास मन से बाए बोलते हुए जा चुकी थी। उसको देख मेरा मन भी उदास था। लेकिन कुछ कर भी तो नहीं सकता था। फिलहाल इस वक़्त अरुन भईया और अभय भईया आ गए थे राजीव और सुरेश भी वही थे। मैंने अपना समान अपनी सीट पर रख दिया या और प्लेटफार्म पर बात कर रहा था समय हो चला था, मैं सबको बाय करते हुए ट्रेन के गेट पर खड़ा था।

कुछ देर बाद अपने सीट पर आया, एक पल के लिए सोचने लगा कि क्या ये हमारी आखिरी मुलाकात है। क्या अब हम कभी नही मिल पाएंगे। राजीव ने आते समय मुझसे बोला था "दोस्त ज़िन्दगी रही तो हम दोबारा जरूर मिलेंगे" और मैं उसकी बातों पर हँस कर कहा "अबे तुम तो ऐसे बात कर रहे हो जैसे अब हम कभी मिलने ही वाले नही है" सुरेश जोर से उसके कंधे पर मारा और बोला "काहे चिंता कर रहे हो हम लोग जल्दी मिलेंगे" लेकिन किसे मालूम था कि सच मे ये मुलाकात राजीव से आखिरी मुलाकात होगी।

उधर शुर्वी, जिसका रिश्ता ही मेरे साथ अनोखा था, जो हमारे लिए तो दोस्ती का था, लेकिन क्लास वालो के लिए दोस्ती से बढ़कर जिसे मैं और शुर्वी बखूबी जानते थे। लेकिन कभी भी फालतू के बातों पर हमने ध्यान नही दिया। मैंने तो एक बार शुर्वी से कहा भी था "तुम्हें इन बातों का कोई असर नही पड़ता? तुम्हारे बारे में लोग गलत बात कर रहे है" उसने मुस्कुराते हुए जवाब दिया "नही"|

मैंने आश्चर्य से कहा "पर क्यों" उसके बाद मैंने कहा रुकते हुए "तुम्हे असर नही पड़ता है, लेकिन मुझे तो पड़ता है, कि कोई कैसे मेरे दोस्त के बारे में गलत बोल सकता है"|

उसने मुझे समझाते हुए कहा "लोग तो बहुत कुछ कहते है, तो हर बात को लेकर टेंशन लिया जाय, उनका काम ही है कहना" शुर्वी ने कहा एक लम्बी मुस्कान देते हुए।

सुरेश और राजीव ने कई बार मुझसे कहा "शुर्वी को propose करो" लेकिन मेरे अंदर इतनी हिम्मत नहीं थी कि मैं शुर्वी से कुछ कह सकूँ। मुझे डर था कि शुर्वी कही बुरा मान जाएगी| दोस्ती भी तोड़ देगी, कभी बात भी नही करेगी, और यह डर आज भी बना हुआ है।

एक बार तो राजीव ने रात में करीब ग्यारह बजे लैपटॉप लिए मेरे कमरे में आया। आते ही उसने सबसे पहले लैपटॉप को मेज पर रख, सुरेश को जगाया।

"अबे उठ" राजीव ने कहा सुरेश को जगाते हुए।

"क्या है बे" सुरेश ने कहा लेटे ही|

"अबे उठो और इनको देखो क्या कर रहे है?" राजीव ने कहा मेरी तरफ बोलते हुए।

सुरेश तुंरत बैठ गया और बोला "क्या हुआ इतनी रात में काहे परेशान कर रहे हो" सुरेश अपना आंख मीज रहा था।

"रात में ग्यारह बजे फ़ोन पर बात कर रहे हैं" राजीव ने ताने भरे स्वर में कहा।

मैं उस वक्त शुर्वी से बात कर रहा था, लेकिन राजीव कि बाते सुनने की बाद फोन काट दिया|

"क्या हुआ काहे पगला रहे हो इतना रात में" मैंने कहा झन्नाटे हुए।

"मेरे कुछ सवालों का जवाब चाहिये" राजीव बहुत सीरियस होते हुए कहा।

"सवालों का जवाब चाहिए मतलब? "सुरेश ने कहा

"क्या" मैंने कहा राजीव से।

"ये बताओ, तुम शुर्वी को प्रोपोज़ कब कर रहे हो" राजीव ने कहा।

सुरेश चुप था, और मैं राजीव को हैरानी से देख रहा था कि, ये साला रात मे क्या करने आया है पगला काहे गया है।

"अबे तुम इतना रात में यह पूछने के लिए आये हो, तुम्हारा दिमाग ठिकाने पे है ना" मैंने कहा थोड़ा गुस्सा दिखाते हुए |

"मेरा दिमाग ठीक है। मुझे मेरे सवालों का जवाब चाहिये" राजीव ऐसा कह रहा था, मानो जैसे एक जिद्द लिए बैठा हो |

पहले तो मैं चौकी पर बैठ गया, फिर धीमी आवाज में राजीव को समझाने लगा...

"देखो राजीव, ऐसा कभी नही हो सकता" मैंने कहा, इसी बीच सुरेश बोल पड़ा "क्यों नही हो सकता? क्या वजह है? ज़रा सोचो, पूरे क्लास में किसी से वो ठीक से बात तक नहीं करती तुम्हारे सिवाय, यानी तुम उसके लिए स्पेशल हो, समझो इस बात को" सुरेश ने कहा मुझे समझाते हुए।

"सही बोल रहा है" राजीव ने कहा

"यही तो कारण है दोस्त" मैंने कहा

"मतलब" राजीव ने कहा

"तुम दोनो को क्या लगता है मैंने कभी सोचा नहीं होगा, अरे यार तुम बस इतना समझो वो मुझे औरों की तरह नही समझती, और प्रोपोज़

करके मैं उसका दिल नही दुखाना चाहता, क्या समझेगी वो की यह भी उन्ही लड़को की तरह है" मैंने कहा दबी आवाज में ताकि उनलोगों को समझने मे आसानी हो और वो समझ भी रहे थे |

दोनों के पास जवाब नहीं था इसलिए कुछ बोल नहीं पाए। कुछ देर बाद सुरेश ने कहा "इतना मत सोचा करो, मैं तो कहूंगा कि एक बार जरूर कोशिश करना उसे अपनी बात बताने के लिए, नही तो ऐसा ना हो कि बाद में पछताना पड़े" सरेश कहेते हुए लेट गया।

"तुम लोग क्या चाहते हो, हमारी जो दोस्ती है वो टूट जाय, नही ना, बस इतना समझ लो कि वह मेरी सबसे अच्छी दोस्त है" मैंने कहा एक मुस्कान के साथ, ताकि दोनों नार्मल हो सके, फिर मैंने राजीव को अपने हाथ से धपकी देते हुए कहा

"ये प्यार है मेरे दोस्त

इसमे कभी कभी पिज्जा मे भी

जहर मिला के खाना पड़ता है |

दोनों एक साथ बोल पड़ें "मतलब"

मैंने मतलब बताते हुए कहा कि "प्यार मे कभी कभी मन दुखी भी हो, फिर भी हँसना पड़ता है" |

राजीव धीरे से उठा और जाने लगा, जिसे देख सुरेश ने कहा "तुमको क्या हुआ बे" राजीव एक पल बिना मुड़े एक बुलंद आवाज में कहा "मैं बस इतना जानता हूँ कि एक लड़का औऱ लड़की कभी दोस्त नही हो सकते" राजीव के कहते ही मैं और सुरेश उसको देखते रह गए, फिर राजीव मुड़ा और अपना लैपटॉप लेने के लिए बढ़ा ही था कि सुरेश ने कहा "अबे कहाँ से सीखे हो बे"

राजीव ने कुछ कहा नही और वहा से चला गया अपने रूम में। फिर हमे बाद में पता चला कि ये डायलॉग रब ने बना दी जोड़ी में शारूखान जी बोले रहे थे, और उस दिन रात में राजीव वही फ़िल्म देख कर मुझे मोटिवेट करने आया था, लेकिन कुछ कर नही पाया। ये है मेरी और शुर्वी कि कहानी।

और अब हम चलते हैं ट्रेन मे, जहाँ समय हो चला था और मैं अपने सीट पर लेता हुआ था| कुछ देर बाद शुर्वी को कॉल लगाया |

***

“हेल्लो” मैंने कहा

“हा बोलो सारथक” शुर्वी ने कहा, उसकी आवाज थोड़ी दबी सी आ रही थी।

“क्या हुआ तबियत खराब है क्या” मैंने पूछा

“नहीं यार बस कुछ अच्छा नही लग रहा है” शुर्वी ने कहा।

“अच्छा ऐसा है” बोलकर मैं हँसने लगा “अरे यार राजीव फोन कर रहा है रुको कॉन्फ्रेंस में लेता हूं” मैंने कहा।

“हे डूड, व्हाट्सएप्प bro, क्या कर रहे हो” राजीव ने कहा।

“अबे तुमको क्या हुआ बे” मैंने कहा।

“अबे देखो ना साला जबसे आया है तबसे पगला रहा है” सुरेश ने कहा जो पहेले से ही राजीव से बात कर रहा था।

“इतना खुश काहे हो बे” मैंने कहा।

“बस ऐसे ही तुम दोनों के साथ अब नही रहना पड़ेगा ना, उसी का खुशी मना रहा हूँ” राजीव ने कहा एक ठहाका मारते हुए उसका बिलकुल भी मन नही था कि वो हँसे, हमने भी उसका साथ दिया |

“अच्छा ऐसा है। एक बात तुमको नही मालूम अगर पता चल जाए तो तुम सुरेश को ढूढने लगोगे” मैंने कहा।

“क्या हैं बताओ” राजीव ने कहा

मैं अब बाथरूम के पास आ गया था “वो जो नया वाला चड्डी लिए थे तुम, उसको फाड़ने वाला सुरेश ही था, जब तुम नहाने गए थे” मैंने कहा हँसते हुए। ये सुन शुर्वी की हँसी छूट गई, और सुरेश भी हँस रहा था, राजीव जो हमारा मजा लेने के लिए कॉल किया था, वो शांत हो गया। उन दोनों को यह नही मालूम था कि शुर्वी भी कॉल पर है।

लेकिन अब पता चल गया था। इसलिए राजीव सुरेश को गाली नही दे पा रहा था। वही मैं और शुर्वी शांत हो गए लेकिन सुरेश अभी भी हँस रहा था।

“हँसंलो जितना हंसना है, हमारा भी दिन आयेगा” राजीव ने कहा

“जब आई तब देखल जाई, फिलहाल फोन रखो हॉस्टल पे नही हूँ मामा के यहा हूँ, घर शिकायत पहुँच जायेगी” सुरेश ने कहा।

“ठीक है जाओ। लेकिन कभी तो मिलोगे” राजीव ने कहा।

“हाँ यार कही घूमने का प्लान बनाओ, मजा आएगा” मैंने कहा।

“सही यार घर पहुँचकर प्लान बनाता हूँ” राजीव ने कहा।

“भईया हम तो घूमने बस नेपाल चलेंगे, और कही नही” सुरेश ने कहा उसकी बातों को सुनने के बाद मेरी और शुर्वी की हँसी छूट गई।

“नहीं नेपाल नही, उसके अलावा कही भी” राजीव ने कहा।

उसके बाद कुछ देर बात करने के बाद हमलोगों ने फोन रख दिया। फिर मैं सोने के लिए तैयारी में लग गया, आस पास करीब सब लोग सो गए थे। मुझे खाना खाने का बिल्कुल मन नही था इसलिए मैं ऐसे ही लेट गया।

लेकिन मैं निद्रा की अवस्था मे जाने से पहले आपको इस बात से उजागर जरूर करूँगा कि आखिर क्यों राजीव नेपाल जाने से मना कर रहा है।

धोका ऐसा भी

यह बात है पाचवे समेस्टर की। जब सर ने यह बताया कि “अगले हफ्ते चार दिनों का टूर ले जाया जा रहा है, वो भी नेपाल, इसलिए मैं चाहूंगा कि आप सबलोग इस अवसर का लाभ उठायें और अपने दोस्तों के साथ पूरा मजा लें, क्योंकि पूरे जीवन भर आप लोगो को कुछ याद रहे ना रहे लेकिन यह समय जरूर याद रहेगा, ‘जिनको जाना होगा वो अपना नाम, पिता का नाम और मोबाइल नंबर लिख एक लिस्ट बना के मेरे कैबिन में दे दें इसके लिए आपको दो दिन का समय है। बाकि जानकारी आप को दे दिया जाएगा।

इस न्यूज़ के बाद पूरे क्लास में एक उत्साह की लहर दौड़ गई। जिसमे से राजीव कुछ ज्यादा ही खुश था। सभी बच्चे अपना अपना ग्रुप बनाने में व्यस्त हो गये, लेकिन हमें ग्रुप बनाने कि कोई आवश्कता नही थी| हमारा तो पहले से ही ग्रुप बना था, और हम लोगों ने यह फैसला किया कि बस की आखिरी सीट पर कब्जा अपना होना चाहिए| इसकि जिम्मेदारी सुरेश को सौंपी गई। और सुरेश ने इस काम के लिए अपने आपको तैयार करते हुए “हाँ” बोल दिया।

हमारा टूर संडे को सुबह आठ बजे जाने का था, लेकिन लेट होने के कारण दस बज गया। सभी लोग पहुँच गए थे, सिर्फ सर का इंतजार हो रहा था।

“अबे यही अच्छा नहीं लगता” सुरेश ने कहा अपना हाथ झटकते हुए, और उसे हल्का गुस्सा भी था क्योंकि वो वक्त से एक घण्टा पहले जो आ गया था, सीट के चक्कर में।

“क्या हो गया बे” मैंने कहा मुस्कुराते हुए। इस वक़्त हम तीनों बस के नीचे खड़े थे, और शुर्वी अपनी खिड़की वाली सीट पर बैठी हम तीनों की बाते सुन रही थी।

“जब अपने ही लेट आना था, तो हम लोगो को काहे इतना जल्दी बुला लिए” सुरेश ने कहा गुस्से मे। उसके मुह पर गाली आने ही वाला था कि राजीव ने उसके पैर पर मारते हुए बोला “अबे साले उधर देखो उसका चेला यही पास में है” राजीव की दबी आवाज थी।

हम सभी लोग राजीव के इशारे को समझ गए। मुझे लगता है कि आप लोग भी समझ गए होंगे क्योकि हर कॉलेज मे कुछ ऐसे लड़के या लड़कियां होते है जो सर के नज़रो मे बने रहने के लिए, तेल लगाने मे लग जाते हैं, और रोहन वैसे ही लड़को मे से एक था जो इस समय इधर ही देख रहा था। सुरेश की आवाज इतनी तेज थी कि रोहन सुन लिया था, इसलिए वो और भी करीब आने कि कोशिश कर रहा था, ताकि अच्छे से हमारी बातें सुन सके।

हम चुप हो गए थे। फिर शुर्वी हम तीनों को आवाज देते हुए कही “इधर आओ तुम तीनों चलो सर आ गए” मैं तुरंत पीछे मुड़ा देखा जतिन सर आ रहे थे। जिन्हे देख हमलोग बस मे चढ़ने लगे।

हमारी बस कॉलेज के गेट से जानी थी हम काफी लेट थे फिर भी खुशी हमारे चेहरे पर थी। सर बस मे आते ही समझाने मे लग गए “देखो बच्चो आप लोगो के लिए टूर का उदेश्य होना चाहिए, जिससे आप लोग कुछ सीखे साथ खूब enjoy करे। लेकिन सावधानी भी होनी चाहिए”

‘जिसमे से कुछ बातें मैं बता देता हूँ’ यह बात किसीकों को यदि अच्छी नहीं लग रही थी, तो वह था सुरेश।, उसे सर की बातें मानो पिघला हुआ सीसा लग रहा हो जिस उसके कानो में डाला जा रहा हो।, जिसकी वजह से वह अपनी आंखे बंद कर सिर को नीचे कर कुछ बड़बड़ाए जा रहा था।

“नंबर वन कोई भी ग्रुप छोड़कर नहीं जाएगा, ‘नंबर टू किसी अंजान व्यक्ति को अपने ग्रुप मे शामिल नहीं करना है और लास्ट, किसी भी प्रकार से झगड़ा नहीं होना चाहिए” सर ने एक पल रुक कर कहना जारी रखा “इसके अलावा ये जो बस वाले भईया toure special है जिनके माध्यम से सारी व्यवस्था हुई है, इसलिए यदि कोई भी

परेशानी हो तो आप इनसे संपर्क कर सकते हैं" सर ने कहा समझाते हुए 'किसीकों कुछ पूछना है' सर ने सवाल किया तभी पीछे से एक आवाज आई 'सर आप नहीं चलेंगे क्या' जिसे सुन सारे बच्चे हँसने लगे और सर जिनकी नज़र अभी नीचे ही थी जो अब उस लड़के को ढूंढने लग गई लेकिन ढूंढ ना सकी। वह लड़का और कोई नहीं बल्कि सुरेश ही था, जो सिर नीचे किए हँस रहा था।

सर मुस्कुराते हुए कहे "पहले तो मेरा विचार था कि, मैं ना चलूँ, लेकिन अब चलना ही पड़ेगा" सर ने कहा बस बढ़ाने का इशारा करते हुए।

बस चल पड़ी, शुरुआत एक चिल्लाहट के साथ हुई "भारत माता की जय" सारे बच्चे बोलने लगे। जिसमे राजीव बढ़ चढ़ के बोलने लगा। दो से तीन बार नारा लगाने के बाद भीड़ शांत ही होने वाली थी कि सुरेश ने कहा "जतिन सर की जय" आवाज धीमे थी, इसलिए सर सुन नहीं पाये। लेकिन जितने लड़के लड़कियां सुन पाये थे सभी हँसने लगे।

हमारा ग्रुप बस के पीछे बैठा था जहाँ शूर्वी खिड़की के पास, मैं उसके बगल मे, सुरेश मेरे बगल मे और उसके बगल में राजीव था। हम पूरे मस्ती मे थे।

"अबे पानी देना" सुरेश ने मुझसे कहा।

"मैं नहीं रखा हूँ, पानी वाला बैग तो राजीव के रूम मे रखा हुआ था" मैंने कहा अपनी आखे सिकोड़ते हुए।

"अरे यार जल्दी जल्दी मे भूल गया" राजीव ने कहा अफसोस जताते हुए।

"यार इससे एक भी काम ठीक से नहीं होता, अब प्यास लगी है क्या करूँ" सुरेश ने कहा।

शूर्वी सुरेश को पानी का बोतल पकड़ाते हुए कही "ये लो" जिसे देख राजीव कहा "लो कितना पीना है, पियो, और कम पड़े तो बताना, अगवाँ बीस लीटर वाला बोतल रखल बा" राजीव ने सुरेश को ताना मारते हुए कहा।

"हाँ यार राजीव, ये बहुत बोल रहा है, मैं तो कह रहा हूँ कि इसको बस के उपर बाँध दिया जाए ताकि मौसम का पूरा मजा लेते हुए चले" मैंने कहा सुरेश का मजा लेते हुए।

"नहीं यार, अपना दोस्त है, ऐसा करने से कुछ मिलने वाला थोड़ी न है" राजीव ने कहा सिरिएस होते हुए। मेरे भी चेहरे कि हंसी थोड़ी देर के लिए गाएब सी हो गई, क्यूँकि आज तक मैंने राजीव को मजा लेते हुए किसी की तरफदारी करते नहीं देखा था फिर वो चाहे मैं हूँ या सुरेश! सबका मजा वो अच्छे से लेता है।

"देखला ई हमार भाई बा" सुरेश ने कहा राजीव की तारीफ करते हुए।

"मैं तो ये बोल रहा हूँ। अगर बांधना है तो उपर क्यू पीछे बांधा जाए ताकि guinness world records मे नाम आ जाए" राजीव के कहते ही मैं और शूर्वी हंसने लगे, सुरेश उसको पकड़कर मारने लगा, राजीव सुरेश का हाथ पकड़ते हुए कहा "सोचो बे तुम्हारा नाम सुनहरे अच्छरों मे लिख जाएगा, 'भारत से नेपाल तक की दूरी इन्होने अपने बम से तय करते हुए world record बना दिया" राजीव हँसते हुए कहा। साथ मे हम दोनों भी हँस रहे थे। सुरेश कुछ बोल नहीं पा रहा था।

"और ब्रकिंग न्यूज़ मे ये भी आएगा, 'सबसे बड़ी बात इन्होने अपनी चड्डी की भी परवाह नहीं किया" मैंने कहा राजीव को ताली देते हुए। सभी लोग हँस रहे थे तभी शूर्वी बोली 'हो गया मज़ाक! अब रहने दो'

"ठीक है जितना मजा लेना है ले लों हमरो बारी आई" सुरेश ने कहा।

इसी प्रकर से कुछ समय बीत गया, सारे बच्चे अपने अपने जगह पर पूरी तरीके से सेट हो गए थे। लड़कियो का ग्रुप जो ठीक हमारे आगे वाले सीट पर बैठा था वो ग्रुप अन्ताक्षरी खेलने की तैयारी में थी। उसमे एक प्रिया नाम की लड़की थी, जिसका शूर्वी से बनता नहीं था। इन दोनों मे हमेशा competition रहेता था, जिससे हर बार शूर्वी ही आगे रहेती थी। इसलिए प्रिया को जलन रहता था और शूर्वी भी ज्यादा मतलब नहीं रखती थी। यह बात मुझे पता नहीं था।

“हाय सारथक कैसे हो” प्रिया ने कहा शूर्वी के तरफ देखते हुए ताकि वो चिढ़े|

“हाय! मैं तो मस्त हूँ अपना बताओ” मैंने कहा मुसकुराते हुए|

“वो क्या है ना, हम लोग अन्ताक्षरी खेलने जा रहे है, आओ तुम भी” प्रिया ने कहा मुसकुराते हुए|

“हाँ जरूर जरूर, क्यू नहीं” मैं कह कर उठने जा ही रहा था कि सुरेश ने मेरा हाथ ज़ोर से दबाते हुए कहा “नहीं ये नहीं खेलगा, इससे कुछ काम है”

“अबे कौन सा काम है” मैंने कहा धीरे से|

“साले कुछ समझा करो” सुरेश ने मेरे कान मे धीरे से कहा

“मैंने आपसे तो पूछा नहीं है” प्रिया ने कहा सुरेश को हाथ दिखते हुए|

“मैंने कह दिया ना, वो नहीं जाएगा खेलने” सुरेश ने कहा | “sorry प्रिया मैं नहीं खेल पाऊँगा अभी कुछ काम है” मैंने कहा|

“ठीक है, जब time मिले तो आ जाना” प्रिया ने कहा फिर वो लोग अपना game शुरू कर दिये|

सुरेश ने इशारा किया शूर्वी कि तरफ देखने के लिए, मैं शूर्वी कि तरफ मुड़ा देखा कि वो गुस्से मे थी और मेरी तरफ ही देख रही थी| फिर उसने अपनी नज़र बाहर खिड़की कि तरफ कर ली|

कुछ समय बाद मैंने कहा “अरे वो पानी देना यार,प्यास लगी है” मैंने पानी मांगा उससे बात करने के लिए |

(मुझे प्यास नहीं लगी थी)

शूर्वी मेरी तरफ नज़र करते हुए कही “जाओ उससे मांग लो” उसकी बात सुनने के बाद सारी बात मैं पूरी तरीके से समझ गया, कि अब पूरे टूर पर प्रिया से दूर ही रहना होगा|

“मैं उससे क्यू माँगू, तुम मेरी दोस्त हो या वो” मैंने कहा एक मासूमियत भरी आवाज मे, बिलकुल एक बच्चे की तरह, जिसे सुन

शूर्वी मुस्कुराने लगी। उसने बोतल निकालने के लिए अपना बैग खोला मैंने उसमे पड़ा टिफिन देख लिया।

"ये लो" शूर्वी ने बोतल थमाते हुए कहा

मैंने बोतल पकड़ा और कहा "टिफिन मे क्या लाई हो" मैंने अपनी दोनों भौओ को तीन-चार बार ऊपर नीचे करते हुए।

"आलू का पराठा" शूर्वी का जवाब था|

"आलू का पराठा तो मेरा फेवेरेट है" मैंने कहा

"हाँ मुझे मालूम है" शूर्वी ने कहा

"तुम्हें कैसे मालूम कि आलू का पराठा मेरा फेवेरेट है" मैंने शूर्वी से कहा|

"तुम खुद आलू कि तरह दिखते हो" शूर्वी ने कहा एक प्यारी सी मुस्कान के साथ। इतना सुनते ही सुरेश और राजीव ज़ोर-ज़ोर से हंसने लगे और फिर वो दोनों मिलकर मेरा मजा लेने लगे।

"शूर्वी, ये किसकी तरह दिखता है" राजीव बार-बार सवाल करता और सरेश जवाब देता "आलू कि तरह...हा...हा..." दोनों हंसने लगते।

"मैं आलू कि तरह दिखता हूँ" मैंने पूछा, शूर्वी से, लेकिन वह कुछ बोल नहीं रही थी, सिर्फ मुस्कुराए जा रही थी। असल बात मुझे पता ही नहीं चल पा रहा था कि, मेरी बेइज्जती सच मे हुई है या फिर सुरेश और राजीव मिलकर मेरा मज़ाक बना रहे हैं।

यह था हमारा बस का सफर........।

***

हम लोग नेपाल कब पहुँच, पता ही नहीं चला, लेकिन इतना याद है कि सुबह के पाँच बज रहे थे| पाया सभी लोग थक के चूर थे, इसलिए आराम करने के लिए कैंम्प मे चले गए। जिसकी व्यवस्था से पहले ही टूर वाले कर चुके थे। क्योकि सर ने घूमने के समय मे बदलाव

करते हुए दस की जगह बारह कर बजे दिये थे| हम लोग इस वक्त लुंबानी मे थे| जहाँ का मौसम दिल्ली की अपेक्षा हल्का ठंडा था|

दोपहर के बारह बज गये थे|और हम घूमने के लिए बौद्ध मंदीर चल दिया| हम लोग पूरे उत्साह मे थे, लेकिन एक समस्या थी, जो हमे बाद मे जाकर पता चलने वाला था| समस्या ये थी कि जहा हमारा बस खड़ा हुआ था वहा से हमे करीब दो किलोमीटर पैदल ही जाना था| जिसका पता किसी को नहीं था! नतीजा यह हुआ कि कोई भी पानी का बोतल साथ नहीं ले गया| सारे लड़के चले जा रहे थे कोई फोटो लेने मे व्यस्त था, तो कोई प्राकृतिक सौदर्य मे खोया था, रास्ते के दोनों साइड का पेड़ ऐसा प्रतीत हो रहा था! जैसे मानो कोई व्यक्ति उसे अपने हाथो से लगाया हो, एक दम दिवाल कि तरह|

सबसे सुंदर तो हमे वहा का fountain लगा जो बीच बीच मे बना था जिसके एक तरफ से लोग आ रहे थे और दूसरे तरफ से लोग जा रहे थे| सभी लोग मस्ती मे थे! कुछ लोग विदेशी मेहमानों के साथ लोग फोटो लेने मे व्यस्त थे और शूर्वी हम तीनों को यहाँ का इतिहास और भगवान बुद्ध के बारे मे बताने मे व्यस्त थी, जिसे काफी मजे से हम सुन रहे थे| हलाँकि हमे भी बहुत कुछ पता था भगवान बुद्ध के बारे मे, लेकिन शूर्वी ने कुछ अधिक ही हमे बता दिया था| हम लोग मंदीर के मुख्य द्वार पर थे, जहाँ से मंदीर साफ देखा जा सकता था| वहाँ तक जाने के लिए एक लंबी लाईन लगी थी जहाँ एक-एक करके लोगो को अंदर जाने दिया गया| अंदर जाते ही मुझे बहुत आश्चर्य हुआ कि इतनी भीड़ होने के बावजूद इतना शांति कैसे है! वह अलग वातावरण ही था जो मुझे ही नहीं बल्कि शुर्वी, सुरेश, और राजीव को भी प्रभावित किया| हमने देखा कि वहाँ अस्तित्व मे सिर्फ कुछ दीवाले थी जो बहुत पुरानी होने के वजह से गिरने के कगार पर थी| जिसे लोहे के राड का से सहारा देकर खड़ा रखा गया था| बीच मे एक शीशे मे पैक कुछ रखा था, जिसे सभी लोग हाथ जोड़े नमस्कार करते हुए एक एक कर बाहर निकल रहे थे| उस शीशे के अंदर क्या था मुझे यह पता नहीं चल पाया! क्योकि भीड़ भी अधिक थी और उस शीशे के उपर कपड़ा भी रखा था, साथ मे कोई ऐसा देश नहीं होगा

जिसका नोट उसके उपर ना मिले। जिस वजह से कुछ दिखाई नहीं दिया।

मैंने बाहर आने के बाद तीनों से पूछा था कि आखिर उस शीशे के अंदर था क्या, किसी को कुछ नहीं पता था, फिर बाद मे राजीव ने कहा “अरे यार भगवान बुद्ध की मूर्ति रखी गयी होगी” और हमने उसकी बांतों को मान लिया। उसके बाद आगे बढ़ते हुए देखा गया कि वहाँ एक बड़ा सा खब्बे का निर्माण हुआ था। उसके टॉप पे आग जल रही थी और कुछ लोग वहाँ सिक्का फेंफ रहे थे, जिसे समझने के लिए वही पर काम कर रहे एक व्यक्ति से मैंने सवाल पूछा “ये लोग क्या कर रहे है” उस व्यक्ति ने जवाब देते हुए कहा

“ऐसा है कि यह लोग सिक्का उछाल कर उस जगह पर टाँग रहे हैं जहाँ आग जल रही है” वह व्यक्ति अभी कुछ और कह ही वाला था कि राजीव ने बीच मे ही बोला “उससे क्या होता है”

“अबे रुको बे कुछ बोल रहे है चाचा” सुरेश ने कहा।

वह व्यक्ति मुस्कुराने लगा और कहा “ऐसा माना जाता है कि अगर आपका सिक्का एक बार मे वहाँ टंग जाता है तो आप कुछ भी मांगोगे पूरा होगा”

“अच्छा ऐसा है, तब तो हम जरूर कोशिश करेंगे, क्यो सारथक” सुरेश ने कहा हल्की हंसी के साथ, मेरे कन्धे पर हाथ रखते हुए।

“नहीं यार, मुझे इन सब बातों पर विश्वास नहीं है” मैंने कहा सुरेश से और उसका हाथ हटाते हुए बोला “क्यों अंकल आपको विश्वास है क्या?” अंकल ने जवाब देते हुए कहा “बेटा, यहाँ विश्वास की बात नहीं है, उम्मीद की बात है|, अगर सिक्का डालने से आपको यह लगने लगे कि काम हो जाएगा तो पक्का होगा, क्योंकि आपको वह काम करने की वजह मिल जायेगी, जिससे आपके अंदर आत्मविश्वास बढ़ता है और वह काम करने का प्रेरणा देता है” अंकल की बातों को सुनने के बाद मैं यह समझ गया, कि वह कोई आम इंसान नहीं एक व्यक्ति जिसके हाथ में एक फावड़ा और पहनावा बिलकुल किसान की तरह था, जिसके सिर के ऊपर पगड़ी, बदन पर बंडी और नीचे

धोती थी, और मुस्कान इतनी अच्छी थी कि हम सभी प्रभावित होकर बात कर रहे थे।

“जाओ एक बार देखो क्या होता है, अभी तुमको बहुत कुछ जानना है” अंकल ने कहा

मैंने उनसे उनका परिचय पूछा वह इसलिए कि उनकी भाषा बिलकुल अपने यहाँ का लग रहा था लेकिन उन्होने मुस्कुराते हुआ टाल दिया और कहा “अरे पहले जाओ अपने दोस्तो के साथ, वहाँ सिक्का उछाल कर आओ और मैं यही से देख रहा हूँ” उस अंकल की बातें मुझे कुछ अजीब सी लग रही थी। मैंने कुछ कहा नहीं, फिर हम वहाँ गये जहाँ सिक्का उछालना था| सबसे पहले मैंने सिक्का उछाला जो ऊपर जाकर टंग गया। जिसे देख वहाँ पर खड़े जितने भी व्यक्ति थे सब ताली बजाने लगे क्योकि बहुत देर से किसी का भी सिक्का नहीं टंगा था।

“बहुत अच्छे बेटा” दूर से आवाज आई| आवाज अंकल की थी जो मुस्कुराते हुये ताली बजा रहे थे।

मैंने अपना विस्स मांगा, फिर एक एक कर राजीव, सुरेश, शुर्वी ने भी सिक्का उछाला, लेंकिन किसीका का सिक्का नहीं टंगा, फिर भी तीनों बहुत खुश थे क्योकि उनके दोस्त का विस्स जो पूरा होने वाला था।

मैं अंकल को ढूँढने मे लगा गया लेकिन वो कहीं दिख नहीं रहे थे।

“अरे यार, वो अंकल कहाँ चले गए” मैंने कहा

“वो अपने काम से गए होंगे, और तुम भी चलो” सुरेश ने कहा

हम सब बस के तरफ जा रहे थे और मेरी नज़र बार बार अंकल को ढूँढने मे लगी थी लेकिन हमें लेट हो रहा था, इसलिए हम लोग जाने लगे।

इतना दूर आने के बाद फिर उतना ही दूर जाना पड़ेगा यह सोच कर थकान लग रही थी और चलने का बिल्कुल भी मन नहीं था फिर भी हम चल रहे थे क्या करे मजबूरी थी। सबके सब थक गए थे और मुँह

भी सूख रहा था प्यास बहुत तेज लगी थी और कोई भी पानी का बोतल नहीं लाया था। राजीव पानी की बोतल पूछते हुए आगे आगे चल रहा था और शुर्वी, मैं और सुरेश पीछे पीछे |

पीछे से कुछ लड़कियों का ग्रुप आ रहा था। यह वही ग्रुप था जिसमें प्रिया थी उसने मुझसे पूछा "क्या तुम्हारे पास पानी है सारथक, बहुत प्यास लगी है" हम लोगो के आगे बढ़ते हुए प्रिया ने कहा |

"नहीं मेरे पास नहीं है" मैंने कहा

तभी आवाज आई "पानी मिल गया जल्दी आओ" आवाज राजीव की थी। उसकी आवाज सुनते ही हम लोग तेजी से बढ़ने लगे| हमारे आगे लड़कियों का ग्रुप था वो पानी पीने के लिए आगे तेजी से चलने लगी। हम जब तक पहुँचते तब तक राजीव पेट भर पानी पी लिया था, और अंगड़ाई लेते हुए हमारे पास आ गया। सुरेश पानी पीने के लिए जा ही रहा था, लेकिन लड़कियों को आगे बढ़ते देख रुक गया। उस ग्रुप से एक लड़की जिसका नाम विनीता था। उसने पानी पीने के लिए जैसे ही नल को हाथ लगाई वैसे ही एक रिक्शेवाले ने कहा "बेटा पानी मत पियो"| यह सुन विनीता पीछे की ओर हटते हुए कही "पर क्यों?" राजीव जो अभी तक अंगड़ाई लेते हुए आराम से हमसे बातें कर रहा था, वह खड़ा होकर उस रिक्शेवाले की बात सुनने लगा।

"बेटा ऊपर देखो टंकी का ढक्कन टूटा हुआ है, जहाँ चिड़िया सब अपना बाथरूम बनाई है" ये सुनते ही राजीव के आगे अंधेरा छा गया। उसे बुरा नहीं लगा होता, अगर सारी लड़कियाँ राजीव को देखकर हँसी नहीं होती। मैं और सुरेश बहुत तेजी से हँसने लगे थे।

"अबे तुम पानी की जगह क्या पी लिये... हाँ...हाँ" सुरेश ने कहा अपना पेट पकड़कर हँसते हुए।

सिर्फ शुर्वी थी, जो हंस नहीं रही थी| उसने मुझे और सुरेश दोनों को डाँटते हुए बोली "वो जानबूझ कर तो पानी पीया नहीं जो इतना मजा ले रहे हो" हम दोनों चुप हो गए "कहाँ हँसना है कहाँ नहीं ये भी नहीं मालूम, थोड़ा भी दिमाग नहीं है" उसकी बांतों का हम पर कोई असर नहीं हुआ। हम दोनों वहीं चुप चाप खड़े थे, लेकिन लड़कियों को

असर जरूर हुआ था वे सब अपना मुँह बनाते और बाल झटकते हुए आगे चली गई|

राजीव का चेहरा उतर गया था, उसने आगे बढ़ते हुए रिक्शेवाले से पूछा "अरे ये बात हमको काहे नहीं बताए"

"अरे बाबू तुम हमको कुछ बोलने का मौका कहाँ दिये, आते ही तुरंत पानी पीने लगे और मैंनें यह सोचा कि जब पानी पी ही लिए हो तो पूरा पिलो" रिक्शेवाले ने कहा

हम तीनों उसके पास पहुँच गए|

"अबे चलो कोई बात नहीं" मैंने कहा हल्की हँसी के साथ|

"हाँ यार छोड़ ना" सुरेश ने कहा उसके कंधे पर हाथ रखते हुए, साथ मे हँसी भी थी|

राजीव ने उसका हाथ हटाया और बिना कुछ बोले वहाँ से चला गया। वह गुस्से मे था। और हम अचंभित थे| क्योकि राजीव को सच मे बुरा लगा था और इसका ये रूप हमने पहले कभी नहीं देखा था|

हम लोग बस में पहुँच गए जहाँ राजीव अपने सीट पर बैठा था|

"शुर्वी पानी का बोतल देना" राजीव ने कहा बिना हमे देखे। शुर्वी ने पानी का बोतल दे दिया।

"का हुआ बे" सुरेश ने कहा

राजीव ने बोतल से पानी मुँह में लेकर एक दो बार गलगला किया फिर एक घुट पानी पीते हुए कहा "तुम दोनों को क्या है, तुम दोनों खाली मजा लो" राजीव को देख हम दोनो शांत हो गए|

लेकिन कुछ समय बाद मैं और सुरेश एक दूसरे को देख फिर ज़ोर से हंसने लगे।

"हंसो बेटा हंसो" राजीव ने कहा|

"काहे पगला रहे हो बे, इतना मजा लेने का हक्क है हमारा" मैंने कहा सुरेश को ताली देते हुए|

"वही तो, तुम तीनों को ही सिर्फ हक्क दिये है, तुम लोग मुझे डाँट सकते हो, मज़ाक बना सकते, समझा सकते हो और जरूरत पड़े तों मार भी सकते हो मगर वो कौन है मुझपे हंसने वाली| और सालो तुम दोनों उसका साथ दे रहे थे" उसकी बांते सुनने के बाद हमें एहसास हुआ कि हमारी गलती थी और साथ मे यह भी पता चला कि शुर्वी हमें काहे के लिए डाँट रही थी। जो भी हो हम अभी भी शांत खड़े थे। लेकिन इस बार हमारी हँसी बिल्कुल गायब हो गई थी। और राजीव आगे कहने लगा "मैं आज के बाद कभी नेपाल नहीं आऊँगा, साला ऐसा धोखा कभी नहीं हुआ मेरे साथ"।

"चलो, छोड़ो यार" सुरेश ने कहा

यही कारण है कि राजीव नेंपाल घूमने नहीं जाता और जब भी घूमने कि बात होती है तो सुरेश उसको चिड़ाने के लिए नेपाल जाने कि ही बात करता है।

फिर राजीव नार्मल हो गया और कहा "साले तुम तो ये बताए नहीं कि विस्स में क्या मांगे हो" सुरेश ने सुनते ही कहा "हाँ बे पानी के चक्कर मे तुम्हारी बात तो हम भूल ही गए" और शुर्वी भी हँसते हुए कही "हाँ बताओ बताओ"?

मैंने तीनों को मना कर दिया| मैंने कहा "जब वो विस्स पूरी हो जाएगी, तो मैं तुम तीनों को खुद बता दूँगा" तीनों मेरी बात को समझ गए और फिर कभी नहीं पूछे।

***

मैं घर आ गया था और मुझे घर आने की खुशी थी, लेकिन अपने दोस्तो से बिछड़ने का गम भी था। कर भी क्या सकता था, सायद इसी को जिंदगी कहते हैं। मैं अपने शहर आ गया था जहाँ हर शाम आपको आसमान नीला या लाल नहीं बल्कि रंगबिरंगी पतंगों से ढका मिलेगा, जहाँ आपको हर चौराहे पर चाय कि दुकान और वहाँ बैठे लोग राजनीतिक विशेषज्ञ जरूर मिल जाएंगे, इसीलिए कहते है राजनीति मे क्या चल रहा है अगर आपको जानना है तो आप किसी भी चाय की दुकान पर जाकर चुपचाप एक चाय का प्याला लेते हुए

लोगो की बातें सुनिए। और रही मेरे मोहल्ले की बात! तो यहाँ कि सुबह कि शुरुआत बाला जी मंदीर की घंटी के साथ होती है और शाम भी।

यहाँ के लोग हेल्थ के प्रति इतने जागरूक है कि सुबह उठते ही टहलने निकल जाते है और चौराहे पर मौसमी, गन्ने और आनर का जूस पीकर घर आते और फिर चाय पीकर उसे बराबर कर देते हैं ताकि कल वो फिर टहलने जा सके! यह बात वो जूस वाला जानता था इसलिए सुबह जूस की दुकान फिर शाम को चाय की दुकान लगाता है।

खैर ये तो रही मेरे मोहल्ले वालों की बात, मुझे घर आए तीन दिन हो गए थे! और मैं अपने पुराने दोस्तो से भी मिल चुका था। उनमे से मेरा सबसे अच्छा दोस्त, आकाश, जो इस वक्त मुझसे मिलने मेरे घर आया हुआ था| हम अच्छे दोस्त इसलिए भी बने थे क्योकि हमारा नाम ऐसा था जो हर क्लास के exam मे मेरे पास ही बैठता था और उसकी गिनती टॉपरों मे होती थी जिसका फायदा मैं भरपूर उठाता था। और हाँ, यही एक लड़का है जो मुझसे संपर्क हमेशा बनाए रखता था जिसकी वजह से वह मेरे सारे दोस्तो को जनता था। सुरेश और राजीव से बात भी किया था।

"और सारथक क्या हाल चाल है" आकाश ने कहा

"ठीक हूँ अपना बता" मैंने कहा

करीब आधे घंटे बात होने के बाद आकाश ने कहा "चलो छत पर चलते है" मैं समझ गया कि क्यो छत पर जाने की बात कर रहा है, क्योकि उसे जो पूछना है वो पापा के सामने तो नहीं पूछ सकता था।

"नहीं, चलो पहले मेरे कमरे मे, कुछ काम है फिर छत पर चलते है" मैंने कहा

जैसे ही हम दोनों रूम मे गए! आकाश ने दरवाजा भिडकाते हुए कहा "अबे पहले यह बताओ कि शुर्वी को प्रपोज़ किए"

"नहीं यार हिम्मत नहीं हुई" मैंने कहा बेड पर बैठते हुए।

और आकाश मेरे पास बैठते हुए कहा "पर क्यों"

"वो मेरी दोस्त है यार, मैं उसको प्रपोज़ करके उसका दिल नहीं दुखा सकता" मैंने अभी यह बात कहा ही था कि बीच मे ही आकाश ने कहा "पर यार" उसको मैं बीच मे रोकते हुए कहा "वो क्या सोचेगी मेरे बारे मे, कभी सोचा है तुमने, अगर कही वो मुझसे दोस्ती भी तोड़ दी तो" मैंने कहा बेड से उठते हुए।

साथ मे आकाश भी खड़ा होकर मेरी बात सुन रहा था! "अब बताओ मेरा प्रपोज़ करना ठीक होता|" मैंने सवाल करते हुए कहा।

"तुम्हारी बात सही है! लेकिन यार वो भी तुमसे प्यार करती है" आकाश ने कहा।

"यह तुम कैसे कह सकते हो" मैंने उसकी तरफ मुड़ते हुए कहा।

"अरे यार तुम ही तो वो बात बताए थे" आकाश ने कहा मुस्कारा कर।

"कौन सी बात" मैंने कहा, अपने माथे पर लकिर बनाते हुए।

"अरे यार वही बात, एक बार किसी लड़की ने तुमको कॉल किया था तो शुर्वी गुस्सा हो गई थी" कुछ पल रुक कर फिर कहना जारी रखा "तुम खुद सोचो, आखिर वह क्यो गुस्सा हुई? और फिर इतना हक क्यों जताती है तुम पर" आकाश ने तो बात तो सही कहा था, क्यों कि यही बात कई बार सुरेश और राजीव भी कह चुके थे।

दरअसल आकाश जिस बात को बता कर रहा है, वह शुर्वी को चिड़ाने के लिए प्रिया ने किया था| नेपाल से आने के बाद प्रिया ने मुझसे नजदीकियां बढ़ाना शुरू कर दी थी| रोज मेसेगे करती थी, इसका पता मुझे नहीं था, मुझे लगा था कि वह राजीव और सुरेश का मज़ाक है! क्योकि ऐसा उन दोनों ने एक बार पहले भी किया था! इसीलिए मैं भी दिलचस्पी लेकर बात कर रहा था। फिर एक दिन दस्तक हुआ वो भी मोबाइल पर।

***

मैं शुर्वी से बातें कर रहा था| करीब रात के नौ बज रहे थो। उसे पिछले कुछ दिनों कि शिकायत करनी थी। इसलिए आज कुछ ज्यादा ही बात हो गई थी। करीब दो घंटे से मुझसे शुर्वी शिकायत करी जा रही थी, उसका कहना था कि तुम कुछ दिनो से मुझसे ठीक से बात नहीं कर रहे हो|

"नहीं यार ऐसी बात नहीं है" मैंने कहा|

"ऐसा नहीं है तो आज सुबह आँवला लेकर सुरेश क्यों आया?, तुम क्यों नहीं आए" शुर्वी ने कहा|

"अरे यार इतनी सी बात पर कौन गुस्सा होता है?, तुम जानती हो न मैं,सुरेश और राजीव अलग थोड़े ही हैं, अब आँवला मैं लेकर आऊँ या सुरेश। बात तो एक ही है |" मैंने कहा।

"आज तक तो ऐसा नहीं हुआ" शुर्वी ने कहा|

बात कुछ ऐसा सी थी कि मैं आँवला लेकर आ ही रहा था कि बीच मे प्रिया मुझसे बात करने लगी, वह कह रही थी "नेपाल की फोटो रखे हो क्या सारथक, जो ग्रुप मे खिचवाया गया था" मैंने हामी भरी थी, और अपना मोबाइल उसको थमाते हुए कहा था"ये लो" और अपना मोबाइल प्रिया को पकड़ा दिया|

"अबे मैं जा रहा हूँ" सरेश ने कहा था|

"ठीक है तू चल मैं आता हूँ, और हाँ ये आँवला शुर्वी को दे देना" मैंने कहा था आँवला सुरेश को पकड़ाते हुए|

फिर सुरेश वहाँ से चला गया था साथ में राजीव भी था, जो मुझे घूरे जा रहा था| और मैं प्रिया से बातें करने लगा था|

कुछ देर के बाद क्लास मे आते ही मैने देखा। शुर्वी मुझे घूरे जा रही थी। और मैं बिना उससे कुछ बोले ही सीधे अपने सीट पर जाकर बैठ गया था|

राजीव भी गुस्से से मुझे देख रहा था, और सुरेश का भी मूड सही नहीं दिख रहा था|

“अबे क्या हुआ बे” मैंने कहा सुरेश को कंधे से टक्कर मारते हुए।

“कुछ नहीं साले, तुम हमसे बात मत करो” सुरेश ने कहा।

“काहे भाई, हम क्या कर दिये हैं” मैंने कहा।

“जैसे तुमको कुछ मालूम ही नहीं हैं” राजीव ने कहा गुस्से से

“नहीं मालूम है तभी तो पूछ रहा हूँ” मैंने कहा।

“अबे जाने दो, तुमसे बात करना बेकार है” राजीव ने कहा।

मैं कुछ और बोलने ही जा रहा था कि सर क्लास में आ गए और मैं बोल नहीं पाया था, उसके बाद राजीव और सुरेश से इस बात पर चर्चा नहीं हुई, जो अभी शुर्वी से फोन पर हो रही है।

करीब नौ बजे तक शुर्वी की शिकायत सुनने के बाद, मैंने अपनी गलती मान ली थी, जिससे वह खुश हो गई।

“सुनो सारथक तुमसे कुछ कहना है” शुर्वी कि यह बातें सुनने के बाद मैंने राहत भरी सांस लिया।

“हाँ बोलो बोलो” मैंने कहा।

“सुनो” शुर्वी अभी इतना बोली ही थी कि मैंने कहा “ये किसका फोन हैं, ज़रा एक मिनट रुको” मैंने कहते हुए फोन को कॉन्फ्रेंस कॉल करते हुए कहा.....।

“hello”

“hello सारथक” उधर से आवाज आई आवाज लड़की की थी।

‘हाँ कौन” मैंने कहा।

“अरे मैं बोल रही हूँ प्रिया, तुमने नंबर save नहीं किया है क्या” प्रिया ने कहा।

“अच्छा प्रिया! लेकिन मैंने तो तुम्हारा नंबर लिया ही नहीं था तो save कैसे करता, बताओ ज़रा” मैंने कहा।

“क्या बात कर रहे हो रोज तो तुमसे बात होती है” प्रिया ने कहा।

"रोज मुझसे बात होती हैं, मैं कुछ समझा नहीं" मैंने कहा।

"हाँ मैसेज से, मैंने तुमको बताया तो था" प्रिया ने कहा।

"अच्छा वो तुम थी, sorry यार मैंने क्या-क्या कह दिया, मैं सोचा था कि तुम्हारा नाम लेकर सुरेश और राजीव मुझे परेशान कर रहे है" मैंने कहा माफी मांगते हुए।

"अरे कोई बात नहीं" प्रिया ने कहा।

"वो सारी बातें दिल पर मत लेना, प्लीज" मैंने कहा।

"अरे कोई बात नहीं! इतना तो चलता है" प्रिया ने कहा।

"थेंक्स यार" मैंने कहा।

"वो छोड़ो! खाना खा लिए" प्रिया ने कहा। ये सवाल बिल्कुल शुर्वी कि तरह था, मैं एक पल सोचा कही शुर्वी ही तो नहीं बोल रही है।

"नहीं अभी नहीं, तुम बताओ" मैंने कहा।

"अच्छा! अभी तक तो मेस मे खाना खत्म हो गया होगा, मेरे यहाँ भी खत्म हो गया हैं" प्रिया ने कहा। प्रिया गर्ल्स हास्टल मे ही रहती थी! इसके अलावा कुछ नहीं मालूम।

"हाँ, यार time तो हो गया है, मैं आज लेट हो गया" मैंने कहा।

"हाँ जाओ पहले खाना खाओ, नहीं तो रात भर भूखा ही रहना पड़ेगा" प्रिया ने कहा एक हल्की हंसी के साथ। यह शुर्वी के बाद दूसरी ऐसी लड़की थी, जो मुझसे इसतरह बातें की थी।

"हाँ यार जा रहा हूँ" मैंने कहा।

"चलो bye, good night" प्रिया ने कहा।

"bye, good night" मैंने कहा।

उसके बाद कॉल कट गया और साथ मे शुर्वी नें भी फोन काट दी थी। मैंने सोचा कि शुर्वी का फोन कट गया होगा इसलिये मैंने तीन चार बार कॉल किया लेकिन फोन रिसीव नहीं हुआ।

इस वक्त मैं हास्टल के छत पर था। हल्की ठंडी थी। उस ठंडी मे शुर्वी का फोन ना उठने की वजह से मेरा दिमाग गरम हो रहा था। मैं झटके से उठा फिर दो कदम आगे बढ़ा, उस वक्त मेरा मोबाईल मेरे कानो पर ही लगा था। कॉल पर कॉल किए जा रहा था।

शुर्वी का फोन नहीं उठा मैं गुस्से से पीछे मुड़ा और देखा, सुरेश और राजीव खड़े थे। सुरेश आगे था। राजीव कुछ दूरी पर पीछे खड़ा था।

"आज उपवास है क्या?" सुरेश ने कहा मेरे पास आते हुए।

मैं कुछ कहा नहीं वही पड़े ईट से बने एक पत्थर पर बैठ गया।

"मैं चल रहा हूँ उसको लेकर नीचे आओ" राजीव ने कहा सुरेश से और वहाँ से चला गया, क्योकि राजीव अब भी मुझसे गुस्सा था।

"ठीक है चलो" सुरेश ने राजीव को हाथ दिखाया फिर आकर मेरे बगल मे बैठते हुए कहा "अब बोलो क्या हुआ" उसने मेरे कंधे पर हाथ रखा।

"कुछ नहीं यार, मुझे तो शुर्वी का समझ नहीं आता क्या करूँ" मैंने कहा अपने माथे पर हाथ रखते हुए।

पहले तो वह मुस्कुराया फिर कहना शुरू किया "ओह! तो प्रॉब्लम यह है, कोई बात नहीं, वक्त के साथ सब ठीक हो जाएगा, ज्यादा परेशान नहीं हुआ जाता, आओ चलो नीचे चलते है" वह मेरा हाथ पकड़े ले जाने कि कोशिश कर रहा था। लेकिन मैंने उसको बैठने के लिए कहा "अबे रुको अभी चल रहे है।" सुरेश वही बैठा रहा और मैंने उसको सारी बात बताते हुए कहा "बताओ इतनी सी बात पर गुस्सा हो गई, ये भी कोई गुस्सा होने वाली बात है"

सुरेश फिर से हंसने लगा जिसको देख मैंने खड़ा होकर कहा "अबे यहाँ मैं परशान हूँ, और तुमको हँसी सूझ रही है" मैं वहाँ से जाने लगा।

सुरेश ने कंधे पर हाथ रखते हुए कहा "अबे रुको बे, मैं तुमको समझाता हूँ" वह अब भी हंस ही रहा था।

"अबे तुम क्या समझाओगे साले, पहले हँस तो लो ठीक से" मैंने कहा गुस्से मे।

उसने हँसना बंद कर दिया "अच्छा एक बात बताओ। वो जो घड़ी है जिसे शुर्वी ने तुम्हारे बर्थड़े पर गिफ्ट किया था" सुरेश ने कहा मुझे समझाते हुए।

मैं भी उसकी बातों को समझते हुए हामी भरते हुए कहा "हाँ" सुरेश ने आगे कहना जारी रखा "जिसे तुम आज तक सिर्फ एक बार पहने थे, वह भी उसके बर्थड़े पर" सुरेश के कहने के अंदाज से मैं परेशान हो गया था। वो बिल्कुल एक बच्चा समझकर मुझे समझा रहा था।

"तो उससे क्या" मैंने कहा और अपनी नज़र दूसरी तरफ कर लिया क्योकि उस समय मै पूरी तरीके से चिढ़ गया था।

"अबे सुनो बे, मैं ये सारी बातें तुमको इसलिए बता रहा हूँ कि तुम समझ सको" सुरेश ने मुझे अपने तरफ खिचते हुए कहा "तुम ये बताओ अगर वो घड़ी राजीव पहन ले, तो क्या करोगे बताओ" सुरेश ने सवाल करते हुए कहा।

उसका सवाल तो मेरे समझ के परे था, लेकिन फिर भी मैं जवाब देते हुए कहा "साले हम उसका हथवा ना काट दे" मैंने अपनी आंखे बड़ी करते हुए कहा।

"हाँ साले हमरा हाथ काटना तुम, और कुछ काम है नहीं तुमको" पीछे से राजीव ने कहा।

"वही तो! अब तुम बताओ जब तुम उसकी दी हुई घड़ी का इतना ध्यान दे रहे हो, तो वो तुम्हें कैसे दूसरे के पास देख सकती है" सुरेश की बातों मे दम था। लेकिन हमे अभी भी ये समझ नहीं आ रहा था, कि आखिर वह कहना क्या चाहता है।

"तो तुम्हारे कहने का मतलब ये है कि मैं गलत हूँ! इसका मतलब कि कल से किसी का भी फोन आए तो मैं नहीं उठाऊ, सिर्फ उसी से फोन पर बात करूँ, यही कहना है तुम्हारा" मैंने कहा फिर जा कर उसी पत्थर पर बैठ गया।

सुरेश तुरंत मुड़ा और कहा "अबे नहीं बे तुम मेरी बातों को समझ नहीं पाये" वह मेरे आगे अपने पैरो के बल पर बैठ गया।

"साले वो समझा नहीं, और तुम समझा नहीं पा रहे हो" राजीव तुरंत सुरेश को जवाब देते हुए उसके पास खड़ा हो गया।

सुरेश भी खड़ा हो गया और कहा"क्या मतलब"

"अबे चूतिया हो क्या, मैं तबसे देख रहा हूँ, तुम साले बातों को घुमाए जा रहे हो, घुमाए जा रहे हो, लेकिन समझा नहीं पा रहे हो" राजीव ने कहा सुरेश को कड़े शब्दो मे बोलते हुए।

"तो तुम्ही समझा दो" सुरेश ने भी लगभग उसी अंदाज़ मे कहा।

"देख सारथक, शुर्वी तुमसे प्यार करती है, और वह नहीं चाहती कि तुम किसी और लड़की से बात करो" राजीव मेरे सामने बैठते हुए कहा जैसे कुछ देर पहले सुरेश बैठा था।

"अबे इसको समझोओ बे" मैंने कहा सुरेश से।

"वह सही तो बोल रहा है" सुरेश ने कहा उसी प्रकार से बैठते हुए।

दोनों इस वक्त मेरे पैर के पास बैठे थे! एक दम एक जैसे और एक ही बात भी कर रहे थे।

"अबे अब तुम भी शुरू हो गए" मैंने कहा उसी मुद्रा में बैठे हुए, क्योकि दोनों ने मेरा हाथ पकड़ रखा था, ताकि मैं उनको मार ना सकूँ।

"जो सच्चाई है, वही बता रहा हूँ" सुरेश ने कहा।

"सही बात है, प्रपोज़ मार दो, नहीं तो जिंदगी भर पछताओगे" राजीव ने कहा।

उसके बाद मैं उन दोनों को समझाने मे लग गया कि ऐसा नहीं है! और कुछ देर बाद उसमें कामयाब भी हुआ, उस रात हम तीनों ने खाना नहीं खाया था, सिर्फ राजीव के घर से आये हुए मठरी, नमकीन, बिस्किट से काम चलाये थे।

शुर्वी ने मुझसे दो दिन तक बात नहीं किया, और मैंने भी नहीं, क्योकि मुझे ऐसा लग रहा था कि मैंने प्रिया से बात करके कोई गलती नहीं किया था।

आखिर तंग आकर शुर्वी ने मुझसे बात करना शुरू कर दिया और फिर मैंने उसको समझाते हुए कहा "तुम भले ही पढ़ने मे तेज हो लेकिन अपने आपको परख नहीं पाती" मैं कुछ पल रुका और फिर कहना जारी रखा "तुम सचमुच सबसे अलग हो, तुम्हारी जगह कोई और नहीं ले सकता पागल, बस इतनी बात तुम नहीं समझ पाई, बताओ" मैंने कहा।

"तुम नहीं समझ पाये सारथक" शुर्वी ने कहा।

"मतलब" मैंने कहा।

"तुम्हें क्या लगता है! मैं और प्रिया एक दूसरे से क्यों नहीं बातें करते है, कभी तुमने ध्यान दिया, मेरी सीट कहाँ है और प्रिया का सीट कहा है, एक का सीट एक छोर पर और दूसरे का दूसरे छोर पर| हम दोनों एक दूसरे को देखना भी पसंद नहीं करते" शुर्वी ने कहा और मैं उसकी बातों को ध्यान से सुनने लगा, शुर्वी ने कहना जारी रखा "लेकिन हमेशा से ऐसा नहीं था! हम दोनों भी एक अच्छे दोस्त थे!" यह सुनते ही मेरे मुँह से अपने आप निकल गया "क्या" शुर्वी मुस्कुराई और कही "हाँ हम B.A. साथ-साथ किए है, वो भी एक ही सबजेक्ट से| हमारी दोस्ती फ़र्स्ट ईयर तक तो ठीक थी, लेकिन जब रिज़ल्ट निकला तो वह हमसे कम नंबर लाकर दूसरे स्थान पर थी! तब भी कुछ नहीं हुआ था! हा थोड़ा बहुत मन मोटाव तो आ ही गया था! फिर भी हमारी दोस्ती चल रही थी! लेकिन बात तो तब बढ़ी जब हम थर्ड ईयर मे थे, प्रिया जिस लड़के को लाइक करती थी वह लड़का exam से पहले मुझे प्रपोज़ कर दिया, मैंने उसको माना भी किया था, लेकिन प्रिया मुझसे बात करना ही बंद कर दी। मैंने उसको बहुत समझाने की कोशिश किया लेकिन वह मेरी बात समझने को तैयार ही नहीं थी" शुर्वी ने मुझे पूरी तरह से अवगत करा दिया।

"मुझे समझ मे आ गया" मैंने कहा।

"और प्रिया तुमसे इसलिए बात कर रही है कि तुम उससे बात करो और मुझे जलन हो, और कुछ नहीं" शुर्वी ने कहा।

उसके बाद मैं शुर्वी के बातों को पूरी तरह से समझ गया था| मैंने प्रिया को समझाने का पूरा प्रयास किया लेकिन वो मेरी बातों को समझी नहीं मैंने कहा था कि "बताओ तुम एक समझदार लड़की हो तुम ऐसा कैसे सोच सकती हो कि तुम्हारी दोस्त कभी तुम्हारे साथ ऐसा करेगी, इतना जान लेना प्रिया कभी भी तुम अपने कॉलेज के दिन याद करोगी तो तुम्हें कुछ याद रहेना ना रहे लेकिन ये गलती जरूर याद रहेगी और फिर पछताओगी! (*उस वक्त राजीव का ही डायलाग याद था*) या कही शुर्वी दिखेगी तो आंखे चुराना पड़ेगा" मैंने कहा और कहने का ये फ़यदा हुआ कि दोनों मे फिर दोस्ती हो गई, लेकिन एक दम लास्ट मे जब हमे फेरवेल पार्टी मिलने वाली थी|

और शुर्वी उस दिन फोन पर एक बात क्या बोलने वाली थी, वो आज तक नहीं मालूम हुआ|

मैंने उससे पूछा भी था, लेकिन उसने यह कह कर टाल दिया कि "तुमने भी तो अपनी विस्स नहीं बताया तो मैं क्यों बताऊ, वैसे भी यह बात अब किसी को नहीं मालूम चलेगा| हमारे साथ ऊपर जाएगा" शुर्वी ने कहा|

"देखना ऐसा ना हो कि बाद मे पछताना पड़े और रही मेरे विस्स की बात तो आज नहीं तो कल तुम्हें पता चल ही जाएगा|

***

तो ये हुआ था! जिसका जिक्र इस समय आकाश कर रहा था|

"अगर ऐसा नहीं है! तो क्यों गुस्सा हुई बताओ? या फिर इतना फिक्र क्यो करती है बताओ?" आकाश ने कहा, उस वक्त आकाश वही पड़े एक कुर्शी पर बैठ गया|

"अब तुम नहीं जानोगे साले, दोस्ती नाम की भी एक चीज़ होती है" मैंने कहा वही खड़ा रहेते|

आकाश कुर्सी से झटके से उठा और बोला "एक बात जान लेना दोस्त, एक लड़का और एक लड़की कभी दोस्त नहीं होते" उसकी बातें सुनने के बाद मैं हंस पड़ा|

"अब तुमभी राजीव मत बनो साले" मैंने कहा|

"क्या राजीव भी यही बात कहा है" आकाश ने कहा|

"हाँ, वो भी रात में ग्यारह बजे जगा के, समझे, मैं ये जानता हूँ कि तुम भी उसी की तरह 'रब ने बना दी जोड़ी' देखे होगे और डायलाग चिपका रहे हो" मैंने हँसते हुए कहा|

आकाश का चेहरा थोड़ा मायूस सा हो गया| उसने अपनी नज़र नीचे झुकाई और दरवाजे की तरफ जाने लगा! जिसे देख मैंने कहा "अबे कहाँ चल दिये" आकाश रुका नहीं वो दरवाजा खोलकर मेरी तरफ मुड़ा और नज़र ऊपर कर के बोला|

"अबे एक बात जान लों सारथक, तुमसे अच्छा तो सुरेश है, जो पहली ही बार मे लड़की को प्रपोज़ कर दिल्ली जैसे शहर मे घूमा भी दिया! बस इतना जानलो आज नहीं तो कल तुम पछताओगे जरूर" और फिर तेजी से चला गया|

उसकी बाते सुनने के बाद मेरी हंसी गायब सी हो गई, क्योंकि आकाश पूरी बात जानता नहीं था, और वह हल्के गुस्से मे सारी बात कह कर चला गया|

अब इसे कौन बताए कि रीमा जिसे सुरेश ने प्रपोज किया था, का प्यार एक साजिश था

जिसमें हम तीनों फंस गए थे|

***

साजिश

बात कुछ ऐसा है। कि जनवरी का दिन था। जब अचानक ही सुरेश को घर जाना पड़ा था। उसके पापा बुलाये थे। उस वक्त हमारा क्लास भी ठीक से नहीं चल रहा था। क्योकि हमारा आखिरी समेस्टर शुरू ही हुआ था। इसलिए राजीव भी आपने चाचा के वहाँ गया था। मैं अकेले ही हास्टल पर रहते-रहते बोर होने के कारण भईया के वहाँ चला गया था|

मैंने सुरेश और राजीव को जाने से पहले ही कह दिया था कि "बारह तारीख से पहले आ जाना, शुर्वी का बर्थड़े है"

"हाँ याद है, मैं दस तारीख को ही आ जाऊँगा" सुरेश ने राजीव को सुनाते हुए कहा |

"साले तुम ज्यादा बकवास मत किया करो, हमें भी याद है, समझे" राजीव ने कहा

"हम दुनिया का बहुत बड़ा पाप कर दिये बता के, गलती हो गयी, हमे माफ कर दे मालिक, अब ऐसा नहीं होगा" मैंने कहा मज़ाक करते हुए।

सभी लोग हंसने लगे। उसके बाद सुरेश घर चला गया। राजीव भी उसको छोड़ने स्टेशन गया और वहीं से चाचा के यहाँ चला गया था|मैं भी दो दिन के बाद भईया के यहाँ गया था| हम तीनों अलग अलग जगह पर थे। और इस दौरान रीमा का फोन रोज मेरे पास आता था। वह यही कहती "सुरेश का फोन लग नहीं रहा" और मैं जैसे ही कुछ बोलने जाता, उसका फोन ही कट जाता था| इसलिए हमेशा मुझे ईधर से ही फोन करके उसे बताना पड़ता था।

"अरे यार, वो अभी कुछ काम कर रहा है, फ्री होकर कॉल करेगा" मैं रीमा का दिल रखने के लिए, बिना सुरेश को कुछ बताए, बोल देता था, ताकि कोई भी गलतफहमी हो वो सही हो जाए|

रीमा इस बात को बहुत अच्छी से जानती थी, कि मैं सुरेश से कुछ बताऊंगा नहीं। लेकिन वो ये नहीं जानती थी, कि मैं शुर्वी से कोई बात छिपाता नहीं हु। खैर छोड़िए।

मैं शुर्वी के कहने पर, सुरेश के आने से पहले ही हास्टल पहुँच गया, तब तक राजीव भी पहुँच| हमारे आने के एक दिन बाद सुरेश आया, और सीधे राजीव के कमरे में गया, क्योकि उसे पता चल गया था कि मैं हास्टल मे ही हूँ| जिसे पिछले रात राजीव ने ही बताया था।

मैं उस वक्त अपने रूम मे लैप टाप पर फिल्म देख रहा था, ठंड का समय था, इसलिए मैं पूरी तरीके से अपने आपको कंबल मे लपेटे हुए था। तभी दरवाजा खुलने की आवाज आयी। मैं उधर देखा, राजीव और सुरेश थे।

"देखला बेटा, इसे कहते हैं सच्चा मित्र, जो मुझसे मिलने के लिए सीधे मेरे कमरे मे आया यहाँ तक कि समान भी तक नहीं उतारा" राजीव ने अपना हाथ मेज पर पटक पटक कर कह रहा था साथ मे चेहरे पर खुशी भी थी क्योंकि वो मुझे चिड़ा रहा था।

"हाँ सही बात है, तुम दोनों का याराना, अभिषेक बच्चन और जान अब्राहम की तरह है, ना" मैंने हँसते हुए कहा।

"मतलब" राजीव तुरंत बोला।

"अब मतलब जानने के लिए, तुमको फिल्म देखना होगा" मैंने कहा।

"साले आज कल पिक्चर बहुत देख रहे हो, मेरा लैप-टाप वापस कर दो" राजीव ने कहा।

"हाँ ठीक बा ढेर भौकाल ना मारा हमरे सामने", और बाताओ सुरेश कैसे हो, घर पर लोग कैसे है" मैंने कहा।

सुरेश जो अपना समान सही कर रह था। "हाँ सब ठीक है" सुरेश बिना मुझे देखे कहा। वह कुछ परेशान था। जो मुझसे नज़र चुराने कि

कोशिश कर रहा था। वह थोड़ा बदला बदला सा लग रहा था। उसने मुझसे ठीक से बात तक नहीं की, फिर अचानक मैंने सोचा कि सफर करके आया है, थक गया होगा। फिर मैं अपने फिल्म पर ध्यान देने लगा।

सुरेश झटके से राजीव के पास गया "अबे राजीव गाड़ी की चाभी कहाँ है" सुरेश ने कहा।

राजीव तुरंत अपना जेब चेक करते हुए कहा "मेरे ही पास है क्या हुआ"

"जरा देना" सुरेश ने अपना हाथ आगे बढाते हुए कहा।

"ये लो, लेकिन तेल भरवा लेना" राजीव ने चाभी उसके हाथ मे पकड़ाते हुए कहा।

मैंने उन दोनों की बातो को सुन लिया था इसलिए राजीव से पूछ पड़ा "कहाँ जा रहे हो" हेडफोने को हटाते हुए।

"अभी आ रहा हूँ" सुरेश ने कहा जाते हुए।

"लेकिन कहाँ" मैंने दोबारा पूछा, लेकिन इस बार वह कुछ बोला नहीं और चला गया।

"अबे जा रहा होगा गर्ल्स हास्टल, रीमा से मिलने, तुम बताओ क्या कर रहे हो" राजीव मेरे कंबल मे घुसते हुए कहा।

इसके बाद मैंने कुछ नहीं कहा।

"अबे ये कौन सी movie है, पूरा नीला नीला दिखाई दे रहा है" राजीव ने कहा लैप-टाप में देखते हुए।

"ये है फिल्म अवतार" मैंने कहा।

"बक्क साले अवतार हमहु देखन है, उसमे राजेश खन्ना रहता है, और इसमें तो हरा, नीला जनावर दिखा रहा है" राजीव ने कहा।

“भाई तुम गोविंदा, राजेश खन्ना, अमिताभ बच्चन से आगे बढ़ो, अब जमाना Hollywood का हो गया है, और ये movie Hollywood का है” मैंने कहा लैप-टाप अपने हाथ मे लेते हुए|

राजीव कुछ पल सोचते हुए कहा “कुछ भी कहलो बाबू, गोविंदा जैसा एक्टिंग केहू नाहीं कर सकता” वह गोविंदा का इतना बड़ा फैन है, इस बात से पता चलता है कि वह “आखियों से गोली मारे” चालिश बार देखा है| सोचने वाली बात ये है कि अब भी वह इस movie को देखकर बोर नहीं होता|

एक बात तो है आप चाहे किसी के फैन हो, लेकिन गोविंदा के डांस के फैन जरूर होंगे, जैसे की मैं| मुझे कोई भी बॉलीवुड हीरो अच्छा ही नहीं लगता था, मुझे तो दक्षिड़ भारत के हीरो अच्छे लगते थे| जिसमे मैं महेश बाबू का बहुत बड़ा फैन हूँ! इन सब के बौजूद गोविंदा के डांस से कोई समझौता नहीं|

“सही बोले, गोविंदा की तो बातै अलग है| मेरे यह कहते ही राजीव के चेहरे पर मुस्कान आ गई, मैंने आगे कहा “वैसे भी मैं तो बस English सीखने के लिए Hollywood movie देखता हूँ” मेरी बातों को राजीव ने कुछ ज्यादा ही सिरियस ले लिया|

“अच्छा movie देखने से English आता है” राजीव ने कहा|

“एक दम, अंग्रेज़ की तरह अंग्रेजी बोलोगे” मैंने कहा|

“अब आज से हॉलीवुड मूवी देखना शुरू” राजीव ने कहा|

कुछ देर देखने के बाद वह कहा “अबे हटाओ, कुछ मजा नहीं आ रहा है”

“रुको बे” मैंने कहा|

राजीव मेरे हाथ से लैप-टाप ले लिया, उसके बाद मूवी बदल दिया और कंबल के अंदर सिर करके सो गया|

दोपहर के बारह बज गये और मेरी आँख खुली तो देखा, मेरे बगल मे राजीव अभी भी सोया हुआ था, और सुरेश अभी तक नहीं आया,

कमरा पूरा बिखरा पड़ा था। ठंड इतना पड़ रही थी कि उठने का मन ही नहीं था। सबसे बड़ी बात अभी तक मैं ब्रश नहीं किया था, भूख बहुत तेज लगी थी और खाना भी अब डेढ़ भजे ही मिलने वाला था, क्योंकि जब सुबह खाना मिल रहा था तो हम दोनों movie देखने मे व्यस्त थे|

सुरेश रूम मे आते ही अपने चौकी पर जाकर लेट गया, और मुझसे एक शब्द भी नहीं बोला|

"कहाँ गए थे, सुरेश" मैंने पूछा|

"कुछ नहीं, बस घूमने गया था" उसने मुझे बिना देखे कहा|

मैं कुछ समझ नहीं पा रहा था। आखिर वो मुझसे ठीक से बात क्यों नहीं कर रहा। उसका व्यावहार कुछ बदला सा लग रहा था। जो मुझे बिलकुल अच्छा नहीं लग रहा था। इसलिए मैंने भी उससे बात करना बंद कर दिया|

खैर छोड़िये, फालतू कि बांतों को| मैं इस वक्त अपने आपको उस जंग के लिए तैयार करने मे लग गया, जो वहाँ, उस मेज पर पड़ा है और मेरा ही इंतजार कर रहा है| इतनी ठंड होने के बावजूद भी वह पानी मे जाने को तैयार है, वह है मेरा ब्रश| जिसे मेरी बिलकुल फिकर नहीं, वह मुझे बुला रहा है, और मैं उसके पास जाना नहीं चाहता लेकिन कर भी क्या सकता था अगर किसी को यह पता चलेगा कि मैं ब्रश नहीं किया हूँ, तो मेरी थूथू हो जाएगी एक बात और, हमे तो बचपन से ही सिखाया गया है कि ब्रश रोज करना चाहिए जिसके कारण मैं मजबूर था|

***

आज रात अधिक ठंड होने की वजह से जल्दी खाना खा लिया गया| जब वापस आ रहे थे तो मैं तो अपने रूम मे आ गया, लेकिन सुरेश राजीव के साथ चला गया| इस पर मैंने ज्यादा ध्यान नहीं दिया और अपने पढ़ाई मे व्यस्त हो गया| क्योकि अभी खाना खाने से पहले ही शुर्वी से बात हुई थी, जो उस वक्त पढ़ाई कर रही थी। उससे मैंने

मज़ाक मे ही कह दिया था,अरे यार, इतनी पढ़ाई मत किया करो, वैसे भी टॉप तो तुम्ही को करना है”

शुर्वी एक दम शांत तरीके से जवाब देते हुए कही “टाप करना बड़ी बात नहीं है, टापर बने रहना बड़ी बात है” उसकी ये बांते सुनने के बाद मेरे दिल मे आग सी लग गई|

सायद इसी प्रकार सोच से प्रेरणा मिलती है पढ़ने वाले लोगो को, कि आठ घंटे पढ़ने वाला लड़का, सोलह घंटे पढ़ने लगता है|

“चलो bye” कहते हुए मैंने call काट दिया|

शुर्वी कुछ समझ नहीं पाई, कुछ कहना चाहती थी, लेकिन कुछ कह नहीं पाई, क्योकि उसकी बातो ने मेरे दिल मे आग लगा दिया था, जिसे बुझाने के लिए मैं किताब उठाने ही वाला था कि राजीव खाने के लिए बुलाया| फिर मैंने सोचा, चलो खाना खाने के बाद आऊँगा तो पढ़ता हूँ|

खाना खाने के बाद, मैं करीब आधे घंटे अध्ययन करने के बाद पुनः अपने पुराने रूप मे वापस आते हुए, सुरेश और राजीव को ढूढने के लिए निकल गया| बाहर हल्की हल्की हवा चल रही थी, ऐसा लग रहा था जैसे कोई मधुर आवाज मेरे कानों को छूती हुई जा रही हैं जिस कारण मेरे दोनों कान खड़े हो गए और साथ मे रोवा भी| सामने पेड़ के नीचे सोनू चाचा आग जलाए हुए कुछ लड़को के साथ अपनी पुरानी यादे बता रहे थे, वही राजीव और सुरेश दोनों मे से कोई भी वहाँ नहीं था| राजीव के कमरे में भी दोनों नहीं थे, फिर कुछ देर सोचने के बाद, मैं छत पर गया, जहा दोनों के बीच काफी गंभीर बातें हों रही थी। राजीव सुरेश को कुछ समझाने मे लगा हुआ था|

“पूरी रात यही बिताना है क्या” मैं यह कहेते हुए उन दोनों के पास गया “ठंडी नहीं लग रही है क्या” मैंने फिर से कहा,

राजीव तेजी से मेरे पास आया बोलते हुए “अबे तुम काहे आये हो, चलो अभी हम दोनों आते है” उसने मेरा हाथ पकड़ते हुए जाने को कहा|

“क्या बात है हमको भी बताओ, मैंने कहा उसका हाथ हटाते हुए।

उसने फिर मेरा हाथ पकड़ा, “हम बोल रहे है न तुमसे, बाद मे बात करेंगे अभी तूम जाओ” राजीव कहेते हुए मुझे अपनी ओर खिचा।

उसका हाथ मैंने अपने हाथो मे लिया फिर कहा “अबे सुनो, तुम पगलावो मत! हमको अभी बात करना है” उसका हाथ झटक दिया “वैसे भी सुबह से ही देख रहे है, कुछ ज्यादा ही नाराज़ हो अगर बात नहीं करना है तो साफ-साफ मना कर दों ना, ये लड़कियों की तरह गुस्साने वाली कौन सी आदत है” मैं यह कहते हुए सुरेश के नदीक जाने लगा।

“अबे तुम मेरी बतिया काहे नहीं मानते हो” राजीव ने पीछे से कहा।

सुरेश जो काफी देर से मेरी बात सुन रहा था, वो झटके से उठा और कहने लगा “हमको तुमसे बात नहीं करना हैं, तुम यहाँ से जाओ” उसके मुँह से यह बात सुनने के बाद मेरा पारा सातवे आसमान पर था! क्योकि वो अब भी हमसे अपना चेहरा छिपा रहा था।

मैं उसके चेहरे को देखने के लिए उसके सामने गया! जहाँ वह अपने नजरों को नीचे किए हुए खड़ा था।

“क्या बोले हो, जरा नज़रिया ऊपर करके बोलो” मैंने कहा।

“तुम जैसे लोगो से मुझे बात नहीं करना! जो अपने ही दोस्त के साथ धोका करे” उसने कहा अपनी नज़र ऊपर करते हुए, साथ मे गुस्सा भी था।

राजीव अब तक हम दोनों के बीच आ गया था! उसने मेरे कंधे पर हाथ रख कर चुप रहने के लिए कहा, जिसे मैं नज़र अंदाज़ कर दिया।

सुरेश के आंखे देखने से लग रहा था कि वह अभी अभी आँसू बहाया हैं।

“अबे बताओगे कि मैंने किया क्या है” मेरी आवाज तेज थी! “और हमको तुम गुस्सा मत दिखाओ” मेरी बातों को सुनने के बाद राजीव

ने कहा "अबे साले तुम दोनों पगला गए हो क्या" वह दोनों को चुप कराने मे लग गया लेकिन अब बात हाथ से निकल गयी थी|

"अबे तुम साले रीमा के पास काहे कॉल किए" सुरेश चिल्लाते हुए बोला, क्योकि वह अब अपने आप पर संतुलन खो बैठा था| "तुम्हारा कौन सा हक है उससे बात करने का, और अगर बात भी किए हो, तो हमको फिर बताये क्यो नहीं" वह गुस्से से आग बबूला था|

मैं भी गुस्से मे था! मुझे तो इस बात पर गुस्सा आ रहा था कि आखिर सुरेश ऐसा सोच भी कैसे सकता है|

"हाँ कॉल किया हु तो, पहले ये चिल्लाना बंद करो, वैसे तुम हो कौन, जिससे मैं कुछ भी काम पूछ कर ही करूंगा" मैंने ऐसा काम किया था! जो जले पर नमक छिडकने वाले कहावत वो सिद्ध करता था, यहाँ मेरी गलती थी| अभी भी वो गुस्से मे ही खड़ा ही था, लेकिन बात तो तब बिगड़ गयी जब मैंने आग मे घी डालने वाला काम करते हुए यह कह दिया "अबे राजीव देख रहे हो, साला लड़की के चक्कर में दोस्त से मुँह फुलाया है| अबे साले तुम समझते नहीं, वो लौड़ीया बहुत चालक है, जो मेरे खिलाफ तुमको भड़काई है, बहुत हरामी है साली" मेरी बातों को सुनते ही सुरेश ने मुझे एक ज़ोर दार थप्पड़ मारा|

"बस बहुत हो गया, कबसे सुन रहा हूँ, तुम्हारी बकवास, अब नहीं" सुरेश ने कहा| मैंने भी उसका कालर पकड़ लिया "साले आज तक मेरे बाप ने मुझे थप्पड़ नहीं मारा, तुम कैसे मार दिये बे" मैंने कहा और साथ मे गाली भी दे रहा था|

राजीव ने बीच मे आते हुए सुरेश को धक्का दिया और मुझे भी, सुरेश अभी आगे ही बढ़ रहा था कि राजीव ने उसे थप्पड़ मारते हुए कहा "कुछ भी हो, सारथक ऐसा काम नहीं करेगा साले" राजीव का अंदाज़ गुस्सा वाला था! इसलिए सुरेश कुछ नहीं बोला|

लेकिन मेरा दिमाग एक दम खराब हो गया था,

"देख सुरेश अपने दिमाग का ईलाज कराव, सारथक ऐसा काम कभी नहीं करेगा, जिससे हम दोनों को दुख पहुँच समझे" राजीव थोड़ा

रुका और उसके पास जाते हुए कहा "कुछ गलतफहमी हुई है जिसे दूर करना होगा" राजीव के समझाने के बाद सुरेश कुछ सोच मे पड़ गया था। लेकिन मेरा गुस्सा शांत नहीं हुआ था।

मैं अपने जगह खड़ा था और वही से चिल्लाकर बोला "सुनो बे, तुम थप्पड़ मारके बहुत गलत किए हो, जिस दिन तुमको सच्चाई का पता चलेगा साले मेरे ही पास आओगे" मेरी बांतों पर कोई रिएक्शन ना करते हुए सुरेश वही खड़ा था।

"रुको बे चुप रहो मैं कुछ बात कर रहा हूँ न" राजीव ने कहा।

मैं थोड़ा उनके पास आया "अब कुछ बात नहीं करना, जो होना था हो गया, और ये जो थप्पड़ है मैं दोस्ती का फल समझ कर भूल जाऊंगा" वहाँ से मैं जाने लगा, राजीव रोकने के लिए आगे बढ़ ही रहा था कि मैं वापस आते हुए "एक बात और, तुम ये जानते हो कि मैंने रीमा के पास कॉल किया था लेकिन क्या तुम ये जानते हो कि क्या बात हुई थी" मैंने अभी अपनी आधी बात ही बोली थी कि बीच मे सुरेश ने कहा "मुझे सब पता है, रीमा ने मुझे सब कुछ बता दिया है"

"अब क्या बोली है मुझे नहीं मालूम, लेकिन एक बार मुझसे तो पूछना चाहिए था! खैर वो बात छोड़ो मैं बस इतना तुमको बता दूँ "रीमा ने मुझे सबसे पहले कॉल करके तुम्हारे ही बारे मे पूछा था और कही थी, कि सुरेश का फोन नहीं लग रहा है, मैंने उससे यह कहा था 'अरे किसी काम मे फँसा होगा, समझे" रुकते हुए फिर कहना जारी रखा "तुम यह मत सोचो कि मैं तुम्हें सफाई दे रहा हूँ, तुम्हें सच्चाई का पता रहना चाहिए था, और हाँ रीमा और तुम्हारा नंबर मैंने block करके delete कर दिया है, धन्यवाद" बोलते हुए मैं वहा से चला गया अपने रूम मे।

इस घटना की वजह से ठंडी का पता नहीं चल रहा था! और मुझे गुस्सा सुरेश से ज्यादा रीमा पर आ रहा था, आखिर उसने ऐसा किया क्यो है! मैं अपने रूम मे यह सारी बातें सोच ही रहा था, कि राजीव और सुरेश मेरे कमरे मे आए, सुरेश अपने चौकी पर बैठा, राजीव मेरे

पास आते हुए कहा “सारथक” इतना बोलते ही मैं उसको घूर के देखने लगा, जिससे वह चुप हो गया| मैं धीरे से उठा और राजीव के कमरे मे जाकर लेट गया। राजीव मेरे पीछे ही था|

“क्या हुआ, आज यही सोना है क्या” राजीव ने कहा, जो मेरे पास ही खड़ा था|

“हाँ बे, साले का शकल नहीं देखना चाहता हूँ, तुम जाओ मेरा कंबल, मोबाइल, चार्जर, लैप-टाप और लैप-टाप चार्जर ले कर आओ” मैंने कहा|

“ठीक है” राजीव कहते हुए जाने लगा,

“अबे रुको अभी जाना” मैंने कहा उसको रोकते हुए|

वह बैठ गया उसी चौकी पर जिस पर मैं लेटा हुआ था|

फिर मैं अपने ही दुनिया मे खो गया ना चाहते हुए मुझे बार बार वह थप्पड़ याद आ रहा था जिस कारण गुस्सा बहुत तेज आ रहा था। यह बात सोचते-सोचते मेरी आँख अपने आप बंद हो रही थी, साथ में दात भी रगड़ने लगा। जिसे देख राजीव ने मुझे हल्का धक्का देते हुए कहा “क्या हुआ बे, काहे ऐसे कर रहे हो” वह मेरी तरफ आश्चर्य से देख रहा था|

“कुछ नहीं, जाओ जो बोले हैं वो करो नींद आ रही है” मैंने कहा|

वो चला गया और मैं फिर से सोच डूब गया लेकिन इस बार गुस्सा से नहीं बल्कि भाऊकता से मेरी आंखें भर आई, क्योकि आज तक किसीने मुझ पर हाथ नहीं उठाया था यह सारी बातें सोच-सोच कर मेरा सर भारी हो रहा था|

वहीं पड़ा सिगरेट का डिब्बा, जो सुरेश का था, जिसे सायद वह उस वक्त लाया था, जब वह राजीव के कमरे आया था| मैंने सिगरेट के डिब्बे को उठाया और देखा उसमे तीन सिगरेट थी, जिसमे से एक मैं अपने होटों मे लगाया फिर उसे जलाने के लिए माचिस खोजने लगा| चौकी के नीचे सुरेश का लाइटर गिरा था, जिसे राजीव ने उसको गिफ्ट किया था। लाइटर उठाने के बाद मैं सिगरेट को जलाया और

एक लंबी कस खींचा, धुआ सीधे मेरे फेफड़े मे गया, जिस के कारण मुझे खाँसी आ गई और मैं खाँसने लगा मेरी आंखे लाल हो गई।

तब तक राजीव आ गया और दौड़ते हुए मेरे हाथ से सिगरेट छिनते हुए कहा "पगला गए हो क्या बे" उसने मुझे डाँटते हुए कहा। और सिगरेट को उस मेज पर रगड़ दिया जहाँ वह रखा हुआ था। फिर उसने पूरा डिब्बा ही खिड़की के रास्ते बाहर फेक दिया।

"अबे सारथक, चिंता मत कर सब ठीक हो जाएगा" राजीव ने मेरे कंधे पर हाथ रखते हुए कहा।

मैंने अपने हाथो से अपनी आखो को रगड़ा ताकि नम हुई आंखे राजीव को दिखाई ना दे, यह वही बात हो गई कि 'अब पछताए होत क्या, जब चिड़ियाँ चुग गई खेत' वह पहले ही देख लिया था।

"मैं चिंता नहीं कर रहा हूँ दोस्त और नाही उससे दोस्ती रखना है" इस वक्त मैं राजीव को देख ही रहा था क्योकि वो अपने पैरो के बल पर बैठ मेरे कंधे पर हाथ रखे हुए था। फिर मैंने अपनी नज़र ऊपर कि ओर मोड़ते हुए कहा "मुझे इस बात का दुख है, उसने मुझपर हाथ उठाया। आज तक मेरे पापा भी मुझे डाटे तक नहीं, मारने कि तो बात छोड़ दो, और ये" मैं बहुत ही दुखित था। "अब कर भी क्या सकते हो, उसके बदले हमको थप्पड़ मार दो" राजीव ने कहा।

मैं थोड़ा मुस्कुराया "पगलाव मत, मुझे बदला नहीं लेना है। मैं तो तुमको बस अपनी तकलीफ बता रहा हूँ" मैंने अपना मोबाईल हाथ मे ले लिया "वो छोड़ो यह बताओ, कि जब तुम कमरे गए मोबाईल लेने के लिए तो मोबाइल कहाँ था" मैंने सवाल किया और मोबाईल चलाते हुए बैठ गया।

"जहाँ बोले थे वही था, लैप-टाप के साथ" राजीव ने कहा चौकी पर बैठते हुए।

"अबे मोबाइल चार्जर मे लगा था, कि नहीं?" मैंने फिर से सवाल किया।

“नहीं, वो लैप-टाप के मेज पर था” राजीव ने कहा।

मैं मुसकुराते हुए चौकी से उठा और शुर्वी को फोन लगाया,

“अबे बताओ बे, काहे मुस्कुरा रहे हो” राजीव ने कहा।

“कुछ नहीं वैसे ही” बोलते हुए मैं बाहर आ गया। और शुर्वी से बात करने लगा।

***

अगली सुबह उठते ही, सबसे पहले कंबल ओढ़े कमरे के बाहर देखा, ऐसा लग रहा था, कि पूरा बादल धरती पर उतर गया हो। इतना घना कोहरा था इतना घना था कि सामने वाला पेड़ स्पष्ट रूप से दिखाई नहीं दे रहा था। अब आप समझ ही गए होंगे कि ठंडी कितनी पड़ रही थी।

मैं रूम मे जा ही रहा था। कि देखा कोई गैलरी सें दौड़ता हुआ आ रहा था। वह राजीव था, जो तौलिया लपेटे नहा कर आ रहा था। मुझे यह स्पष्ट हो गया कि वह राजीव है। तो मैं चौकी पर जाकर लेट गया।

“अरे यार कॉलेज नहीं जाना है क्या” राजीव ने कमरे मे घुसते हुए कहा।

“नहीं यार मन नहीं कर रहा है” मैंने कहा।

असल बात रात मे शुर्वी से बात होने के दौरान मैंने सारी बात उसे बता दिया जो सुरेश और मेरे बीच हुआ था, साथ मे थप्पड़ वाली बात भी। उसने मुझे कॉलेज आने से माना कर दिया हैं और शाम पाँच बजे अपने चौराहे पर मिलने को कहा हैं।

“चल ठीक है भाई” राजीव ने कहा और तैयार होने लगा।

अब मुझे बस शाम का इंतजार था, क्योकि मैंने शुर्वी से कहा था। आखिर रीमा ने ऐसा क्यों किया, जिसका पता शुर्वी करने वाली थी। दरअसल बात कुछ ऐसी है, कि रीमा कि best friend शलिनी हैं जो शुर्वी के ही कॉलोनी मे रहती है, वह शुर्वी से उम्र मे छोटी है इसलिए वह शुर्वी को दीदी कह कर बुलाती है। शुर्वी पढ़ाई मे तेज होने के साथ

साथ सीनियर भी थी। इसलिए शालिनी उससे पढ़ने और नोट्स लेने के लिए उसके घर पर भी आया जाया करती थी। और घर पास मे होने के कारण घर वालो से अच्छा खासा परिचय भी था। इस कारण शालिनी कभी शुर्वी की बात टाल नहीं सकती थी।

अब आपको पता चल ही गया होगा कि मैं शुर्वी को हुकुम का एक्का क्यो बोलता था।

***

मैं आधे घंटे पहले ही मार्केट पहुँच गया। जहाँ फूटपाथ पर बैठ, इतनी ठंडी होने के बावजूद आइसक्रीम खा रहा था। इतने मे राजीव का फोन आया।

"हाँ कहाँ हो" राजीव ने कहा।

"क्या हुआ" मैंने कहा। राजीव कुछ पता न चले इसलिए बताना नहीं चाहता था।

"अबे शुर्वी ने बुलाया है, चलो" राजीव ने कहा।

"मैं यहीं हूँ, आओ" मैंने कहा।

"चलो ठीक है" राजीव ने कहा और कॉल कट कर दिया।

उसके बाद राजीव करीब पन्द्रह मिनट मे पहुँचा उसके साथ सुरेश भी था। मैं पूरी तरह से आश्चर्य मे था, आखिर शुर्वी इन दोनों को काहे लिए बुलाई है! खैर मुझे क्या, मैं तो वही बैठे शुर्वी का इंतजार कर रहा था। राजीव मेरे पास आया और मेरे बगल मे बैठ गया सुरेश bike के पास खड़ा था। अपनी नज़र को झुकाये और मैं उसी को देख रहा था। तभी अचानक राजीव खड़ा हो गया।

"हे शुर्वी हम लोग यहाँ है" राजीव ने चिल्लाते हुए कहा।

शुर्वी ने हम लोगो को देख लिया था। वो इधर ही आ रही थी। उसके साथ शालिनी भी थी।

शूर्वी आते ही सबसे पहले सुरेश को बोलना शुरू कि "तुम पागल हो क्या बिना सोचे समझे किसी पर हाथ उठा दोगे। तुम्हारे पास इतनी

भी अकल नहीं है" शुर्वी सीधे सुरेश को डाटने लगी और हमदोनों उसके पास आ गए।

सुरेश कि नज़र नीचे झुकी हुई थी। यह देख मेरे दिल को बहुत सुकून मिल रहा था, साथ मे सीना चौड़ा भी हो गया कि शुर्वी ने मेरे लिए सुरेश को डाँटा, अब थप्पड़ खाने का कोई गम नहीं था। आज तक शुर्वी को इतना गुस्सा होते हुए मैंने नहीं देखा था।

करीब पाँच मिनट तक सुरेश को डांटती रही, जिसे देख मुझे बहुत मजा आ रहा था।

"तुमको मालूम है, उसने कल मुझे पूरी बात बताते हुए, एक बच्चे कि तरह रोने लगा था" इसके बाद मेरी मुस्कुराहट थोड़ी कम हो गई। राजीव मुझे एक महापुरुष की दृष्टि से देख रहा था, जो मुझे थोड़ा अजीब सा लग रहा था और मैं उससे नज़र नहीं मिलना चाहता था। क्योकि मुझे लग रहा था, कहीं रोने वाली बात को लेकर राजीव चिढ़ाने न लगे, लेकिन ऐसा नहीं हुआ और हाँ मैं रोया नहीं था वो शुर्वी भावनाओ मे कुछ ज्यादा ही बोल रही थी, बात करते वक्त मेरी आवाज लडखड़ाई थी बस......

"तुम्हारी इस हरकत से मुझे बहुत दुख हुआ, कम से कम तुमसे तो ऐसी उम्मीद नहीं थी" शुर्वी ने कहा जिससे सुरेश ने "sorry" कहते हुए अपनी नज़र को ऊपर किया" उसका अंदाज़ थोड़ा बदला नज़र आने लगा था क्योकि उसे अब एहसास हो गया था कि उसने गलती किया है।

यह सब देख शुर्वी थोड़ी शांत होकर कहने लगी "अगर तुम्हें कुछ प्रॉबलम थी, तो तुम्हें बात करनी चाहिए थी, एक बात और अगर तुम सारथक पर विश्वास नहीं कर सकते तो किसी पर भी नहीं कर सकते हो क्योकि उसने मुझे सारी सच्चाई बताई है, यहाँ तक कि उसने पहली बार कल सिगरेट भी पिया, वो भी तुम्हारे चक्कर मे" शुर्वी के मुँह से अपनी तारीफ सुनकर मैं इतना प्रसन्न हो रहा था, ऐसा लग रहा था मानो मैं एक महापुरुष हूँ, और राजीव मुझे लगातार देखे जा रहा था उसका मुँह हल्का सा खुला हुआ था, आंखे बड़ी बड़ी हो गई

थी। उसे इस बात का डर था कि कहीं मेरी सिकरेट वाली बात ना बता दिया हो जिसे मैं खुद नहीं जानता हूँ।

"इसको जानते हो कौन है। शालिनी रीमा की बेस्ट फ्रेंड है। मुझे पता है तुमको मेरी बांतों पर विश्वास नहीं होगा इसलिए मैं इसे अपने साथ लेकर आई हूँ, 'शालिनी बताओ" शुर्वी ने कहते हुए मेरे पास आने लगी।

"ऐसा नहीं है शुर्वी" सुरेश सफाई देते हुए कहा, लेकिन शुर्वी ने उसकी बातों पर ध्यान नहीं दिया और आगे बढ़ गई, जिससे वह चुप हो गया।

शुर्वी मेरे पास आई और आते ही मेरे कान को ज़ोर से मरोड़ते हुए कही "सिगरेट पीना जरूरी था" यह बात शुर्वी फोन पर भी कह सकती थी। लेकिन नहीं, सायद इसलिए क्योकि मैं उस वक्त काफी दुखी था।

"अरे यार छोड़ो दर्द हो रहा है" मैंने कहा। राजीव हँसने लगा।

मुझे उस वक्त पता चला, कि किसी ने सही ही कहा है लड़कियां देवी की रूप होती है, कब कौन सा रूप धारण कर ले इसका अनुमान कोई भी नहीं लगा सकता हैं, और इस वक्त शुर्वी काली का रूप धारण कर चुकि थी।

मेरे बहुत कहेने पर उसने मेरा कान छोड़ा और फिर शालनी के बातों पर ध्यान देने को कहा

"भईया, वो जो आप लोगो का झगड़ा हुआ था, तब मैं वहीं थी, आप लोगो के चले जाने पर रीमा ने कहा था 'कुछ भी हो इन तीनों की दोस्ती तोड़वानी है, वो भी कॉलेज के लास्ट year में, ताकि कभी फिर से दोस्ती ना हो पाये। अगर कॉलेज का दिन याद भी करें तो सिर्फ मुझे याद करे' यह उसकी चाल थी" शालिनी ने बिना रुके एक बार मे ही पूरा व्योरा दे दिया था।

"एक मिनट, तुम कहीं उस झगड़े की बात तो नहीं कर रही हो, जो स्टैंड मे हुआ था" मैंने आश्चर्य से पूछा।

“हाँ वही वाला झगड़ा, जिसमें आपने उसे बहुत डाटा था, इसी का बदला लेना चाहती थी” शालिनी ने कहा।

“इसका मतलब ये पूरी सोची समझी चाल थी! वो भी मैं उसका मेन टारगेट था” मैंने अपने सिर पर हाथ रखते हुए कहा।

“अरे साला हम लोगो का दिमागे काम नहीं किया, और रीमवा खिलाड़ी निकली गई” राजीव ने कहा।

“हम लोगो ने काफी मना किया था लेकिन वह नहीं मानी” शालिनी ने कहा सब कुछ।

“इसका मतलब यह हुआ, कि उस दिन सुरेश क्लास में नहीं गया था, उसे मालूम था” मैंने कहा।

“उस वक्त हम लोग क्लास ही जा रहे थे, सरेश भईया को अकेले कैंटीन जाते देख ‘तुमलोग क्लास चलो मैं अभी आती हूँ’ यह कहते हुए, वह भईया के पीछे चली गई थी” शालिनी ने कहा।

“साला उस बात को तो हम लोग भूल ही गए थे, बताओ उसका बदला ले रही है” राजीव थोड़ा मायूस हो गया, फिर उसने धीरे से कहा “यह पूरा झगड़ा मेरी वजह से हुआ था, और पिस ये दोनों रहे है” राजीव ने अपने आप को दोष देते हुए कहा।

“अबे चुप रहोगे, इसी मे तुम भी अपना दासता बताने लगे” मैंने कहा।

पूरी बात खतम हो गई, सुरेश चुप चाप वही उसी मुद्रा मे खड़ा था! मैंने शुर्वी से कहा “अच्छा हम लोग चलते है” उसके बाद मैंने bike उठाई और दोनों को बैठाया, शुर्वी को bye बोलते हुए चल दिया।

सुरेश अबभी शांत था, उसने शुर्वी से bye भी नहीं बोला, रास्ते मे किसी ने भी कुछ नहीं कहा, सभी रीमा के बारे मे सोचते हुए, हास्टल पहुँच गए| हास्टल पहुँचते ही गाड़ी खड़ी करने के बाद मैं राजीव के कमरे मे चला गया! जहाँ राजीव पहले ही वहाँ टहल रहा था और टहलते हुए उसने रीमा को इतनी गाली दे दिया कि उसकी गिनती करना मुश्किल था।

"अबे सुनो साले, आज के बाद किसी लड़की से पंग्गा मत लेना और अगर गलती से ले भी लिए तो सावधान रहना, वो बदला जरूर लेगी" मैंने कहा हँसते हुए, साथ ही राजीव भी मेरा साथ देते हुए हंसने लगा।

***

करीब आठ बजने को आ गया, सुरेश का कुछ पता नहीं चल रहा था, वह रूम मे था, और हम दोनों अपनी बातों मे व्यस्त थे। अंत मे राजीव को रहा नहीं गया उसने मुझसे पूछ ही लिया "अबे तुम शुर्वी को मेरा कोई सीक्रेट तो नहीं बताए हो, जो मुझे नहीं पता हो" राजीव के यह कहते ही मैं हंसने लगा "अबे नहीं बे पागल हो" मैंने कहा।

असल बात यह है कि, वो चड्ढी वाली बात जो मैंने ट्रेन मे बताया और पेट्रोल चोरी वाली बात जो अभी आपको पता है लेकिन उसे एक बात का और डर था! जो आप लोगो को भी नहीं मालूम।

हुआ कुछ यूँ कि गर्मी का दिन था, और राजीव अपने बिस्तर पर आराम से सोया हुआ था! उस दिन मैं और सुरेश जल्दी उठ गए थे! हमदोनों राजीव को जगाने के लिए गए, बहुत जगाने के बाद वो नहीं उठा था, तब सुरेश पानी लाया और उसके बिस्तर पर गिरा दिया! उसके बाद हम दोनों वहाँ से चले गए थे।

करीब पंद्रह मिनट बाद सुरेश राजीव के पास गया, और मैं राजीव के कमरे के बाहर ही खड़ा था।

"अबे ये क्या किए बे" सुरेश ने कहा आवाज तेज थी।

मैं कमरे मे घुसते ही "क्या हुआ बे इतना तेज काहे बोल रहे हो" मैंने कहा सुरेश के तरफ जाते हुए।

"अबे देखो ना राजीव ने बिस्तर पर बाथरूम कर दिया हैं, अगर यह बात हास्टल मे पता चल गई, तो क्या होगा" सुरेश ने कहा।

राजीव एक दम शर्म से लाल होकर वही बैठा था। उसने विश्वास कर लिया था! उसकी यह हालत देखने के बाद मैं उसको पूरी बात बताने ही वाला था लेकिन सुरेश ने इशारा कर दिया नहीं बताने के लिए, और मैं चुप रह गया था।

उसका यह भ्रम फेयरवेल पार्टी तक बना रहा, फिर मैंने ही उसे यह बता दिया था,

मैं हंस रहा था|

"तुम्हारा क्या भरोसा जब सिगरेट वाली बात बता सकते हो, तो यह भी तो बता ही सकते हो" राजीव ने कहा|

मैं अब भी हंस ही रहा था, तभी मेरा मोबाइल वाइब्रेट किया किसी का मैसेज आया, देखा सुरेश का मैसेज था, जिसमे "I AM SORRY" लिखा था! यह मैसेज देखते ही मैं और राजीव हंसने लगे फिर दोनों साथ मे उसके पास गए जहाँ वह कुछ परेशान था| माहौल देखकर हम दोनों समझ गये कि रीमा से उसका झगड़ा हुआ है|

तभी राजीव ने उसका मोबाईल लेते हुए कहा "लगता है तभी माफी मांगने के लिए इतना छोटा मैसेज किए हो क्या" राजीव ने सुरेश से कहा, सुरेश का मोबाईल एकदम चकना चूर हो गया था क्योकि उसने झगड़ा कर अपना मोबाइल पटक दिया था|

सुरेश हल्का सा मुस्कुराया और चौकी पर बैठ गया! "जानते हो सारथक मैं कल आया था तुमसे मिलने के लिए, लेकिन हिम्मत नहीं हुई तुम्हारे सामने आने की" सुरेश कहते हुए अपनी नज़र नीचे झुका लिया|

"मुझे सब पता है और यह भी मालूम है कि तुमने मेरा मोबाईल लेकर चेक भी किया था| कि कही सच मे तुम्हारा नंबर नहीं ना डिलीट कर दिया हूँ" मैंने कहा|

मुझे येतो पता था कि उसने मेरा मोबाईल चेक किया था लेकिन यह नहीं मालूम था कि वह राजीव के कमरे तक भी आया था|

सारी परेशानी खतम हो गई थी! और हम मेस में खाने के लिए साथ गए, उधर से वापस आते समय राजीव तेजी से आगे चलने लगा और मुझेसे कहा कि सुरेश के पीछे पीछे आना! मैं कुछ समझ नहीं पाया फिर भी सुरेश से दो कदम पीछे ही था! जैसे ही सुरेश गैलरी मे घुसा, पिलर के पीछे छुपा राजीव जो कि एक बाल्टी मे पानी लिए खड़ा था!

सुरेश के आते ही उसके ऊपर फेकते हुए अपने कमरे मे जाकर अपने आपको बंद कर लिया।

और सुरेश भटवा-भटवा कहते हुए गरिया रहा था "साले फिर मिलोगे नहीं क्या" ठंड मे रात नौ बजे कोई पानी से भीगा दे तो कैसा लगेगा।

***

रात मे हम तीनों एक ही कमरे थे क्योकि बारह बजे, बारह जनवरी हो जाएगी जो शुर्वी का birthday है! हम तीनों ने एक साथ विश करने का प्लान बनाया गया था।

अभी बारह बजने मे तीन मिनट कम ही था मैंने कॉल लगा दिया।

"अबे लग गया, लग गया" मैंने कहा मोबाइल को स्पीकर मे डालते हुए।

"अबे पगला गए हो अभी समय नहीं हुआ है" राजीव ने कहा।

"पहिले लगा दिये है कि हमसे पहले कोई विश ना कर पाये" मैंने कहा।

तब तक बारह बज गया! और हमतीनों ने "HAPPY BIRTHDAY" बोलते हुए सिटी मारने लगे।

"THANKS" शुर्वी ने कहा।

सभी लोगो के शांत होने के बाद सुरेश ने बर्थड़े विश के साथ sorry भी बोला, बदले मे शुर्वी बस यह कह कर हंसने लगी "अभी भी उसी बात को लेकर परेशान हो, छोड़ो सारी बात" मैंने बीच मे ही बात काटते हुआ कहा।

"अच्छा यह बताओ गिफ्ट क्या चाहिए" मैंने कहा।

"हाँ... गिफ्ट तो चाहिए और अभी इसी वक्त वो भी तीनों से" शुर्वी ने कहा।

"अभी लेकिन कैसे" मैंने कहा।

"अबे गधा पहले पूछ तो ले क्या चाहिए" सुरेश ने कहा।

"ओ हाँ.. क्या चाहिए" मैंने कहा।

"तुम कसम खाओ की अब कभी भी सिगरेट नहीं पियोगे" इतना कहते ही सुरेश का गला सुख गया, कही शुर्वी मुझको ना सिगरेट पीने से मना करदे।।

मैंने कसम खाते हुए हामी भर दी "आज के बाद कभी नहीं" अब बारी सुरेश कि थी।

"तुम सुरेश, आज के बाद कभी भी अपने दिमाग मे फालतू की बात नहीं लाओगे। किसी से कुछ भी परेशानी हो, तो उससे बात करके परेशानी दूर करोगे, मुँह फुला कर बैठना मत" शुर्वी के कहते ही सुरेश के जान मे जान आई।

"sorry यार, आज के बाद ऐसा कभी नहीं होगा" सुरेश ने कहा।

राजीव उछलता हुआ "हमसे क्या चाहिए" शुर्वी थोड़ी सोची और फिर।

'तुम जैसे हो वैसे अच्छे हो" शुर्वी के कहते ही राजीव ने हमदोनों को आँख दिखाते हुए कहा "देखा-देखा सबसे समझदार मैं ही हूँ" उसके बाद सुरेश ने उसकी गर्दन पकड़ी "अच्छा बेटा" सुरेश को अपना बदला लेने का मौका मिल गया।

"हाँ सही बोले तुम, सबसे समझदार हो" शुर्वी ने कहा। उसके बाद कॉल कट गया।

यह थी हमारे खिलाफ साजिश, जो नाकाम रही।

यही एक बात थी जो अकाश को मालूम नहीं थी।

फिलहाल मैं उन बातो पर ध्यान देने लगा जो दिल्ली से आते वक्त सुरेश ने कहा था। मैं आजमगढ़ आऊँगा।

***

आखिरी मुलाक़ात

मुझे घर आये दो महीने से उपर हो गया था। आजमगढ़ जाने वाली बात मैंने घर पर पहले ही बता दिया था, और सुरेश को भी एक हफ्ते पहले ही मालूम चल गया जिसे मैंने ही बताया था। वह बहुत खुश था। उसने मुझे मना करते हुए कहा "यह बात राजीव और शुर्वी को नहीं पता चलना चाहिए कि तुम यहाँ आ रहे हो, उन दोनों को फोटो भेजकर जलाया जाएगा" मैंने वैसा ही किया उन दोनों को कुछ भी पता नहीं चलने दिया था।

मुझे बहुत खुशी थी कि मैं अपने बचपन के दोस्तो से मिलूँगा। और साथ मे सुरेश से भी मुलाक़ात होगी |

***

मेरी ट्रेन ग्यारह बजे आजमगढ़ पहुंची, जो करीब दो घंटे लेट थी। जब मैंने अपने कदम को प्लेटफार्म पर उतार कर बढ़ाया, तो मुझे हास्टल की याद आ गई, क्योकि उस प्लेटफार्म पर वैसा ही पेड़ था, जैसा मेरे हास्टल मे था| खूब घना, जहाँ बंदर उछल कूद मचाए थे। आज तक मुझे उस पेड़ का नाम तो नहीं पता चला, लेकिन मैं उस पेड़ को कभी नहीं भूल सकता। एक बार राजीव ने बताया भी था फिर मैं भूल गया।

उस पेड़ के नीचे सुरेश जो मेरे ही तरफ आ रहा था। जो उन यादों को और भी ताजा कर दिया। वह आते ही मेरे गले लग गया, फिर हम सीधे बाहर आ गए।

"अच्छा यह बताओ राजीव से बात हुआ था तुम्हारा इस बीच" मैंने कहा| हम दोनों स्टेशन के बाहर जहाँ सुरेश की bike खड़ी थी, वही खड़े थे।

"नहीं बे, पूरा एक हफ्ता हो गया" सुरेश ने कहा।

“हमसे भी नहीं हुआ, उसने मुझे छ दिन पहले कॉल क्या था, लेकिन मैं बाथरूम मे होने के कारण फोन उठा नहीं पाया, उसके बाद मैं वापस कॉल ही नहीं किया” मैंने भी कहा।

“कब तक आएंगे तुम्हारे मामा” सुरेश ने कहा।

मेरे मामा यही रहते है मुझे लेने के लिए आने वाले हैं, आज मैं उन्ही के यहाँ रहने वाला हूँ।

“बस अभी आ ही रहे होंगे” मैंने कहा।

“आओ चलो कुछ खाते है” सुरेश ने कहा।

“नहीं यार, मैं बहुत थका हूँ” मैंने कहा।

“रुको! राजीव को कॉल लगाता हूँ, मजा आएगा” सुरेश ने कहा।

“हाँ...हाँ... लगा मजा आएगा” मैंने कहा।

हम दोनों के चेहरे पर खुशी थी! कॉल लगा सुरेश ने तुरत फोन को स्पीकर मे करते हुये कहा “hello राजीव” ऊधर से लड़की कि आवाज आई।

“जी नहीं मैं कविता बोल रही हूँ, आप कौन” उधर से आवाज आई।

कविता राजीव की छोटी बहन थी जो हमें अच्छे से जानती थी क्योकि राजीव ने पूरे घर वालों को मेरे और सुरेश के बारे मे बताया था।

“देखा देखा नंबर तक सेव नहीं रखा है” सुरेश ने कहा, मुझे उंगली दिखाते हुए।

“अरे इसमे गुरु नाम सेव है! लेकिन आप है कौन” कविता ने कहा।

“कविता मैं बोल रहा हूँ, सुरेश! राजीव को फोन दो जरा” सुरेश के कहते ही, कविता रोने लगी, उसका रोना सुन हम कुछ समझ नहीं पाये! हमारी हंसी गयब सी हो गई, हम बार-बार पूछ रहे थे, क्या हुआ लेकिन वो कुछ जवाब देने के हालत मे नहीं थी, इसलिए किसी व्यक्ति ने कविता से फोन ले लिया और हमे बताया कि।

“राजीव का एक्सीडेंट हो गया” उस व्यक्ति के कहेते ही मैंने तुरंत कहा “अब वो कैसा है, ठीक तो है ना” कहते हुए सुरेश से मोबाइल छिन लिया|

वह व्यक्ति थोड़ी देर रूक कर कहा “नहीं बेटा हम उसे बचा नहीं पाये” उनके कहते ही हम दोनो एक दम चुप खड़े थे! उस वक्त पता नहीं चल रहा था! कि हो क्या रहा है, हमारे सामने कुछ भी नज़र नहीं आ रहा एक दम से अंधेरा छा गया|

उसके बाद घटना का time पता चला तो मेरे आंखो से आँसू निकल आये| क्योकि एक्सीडेंट के एक घंटे पहले ही मुझे वो कॉल किया था जिसे मैंने उठाया नहीं और नाही दोबारा कॉल किया | हमने फोन रख दिया क्योकि हममे और कुछ सुनने कि हिम्मत नहीं थी | राजीव का चेहरा एक दम सामने दिखने लगा था | पूरा बिताया हुआ पल एक ही झटके मे दिखने लगा |

उसके बाद क्या हुआ मुझे कुछ याद नहीं, बस इतना याद है कि मामा अपनी bike से मुझे लेने के लिए आए और मैं उनके साथ घर चला गया| मुझे राजीव कि हर बात याद आ रही थी|

***

राजीव जिससे हमारी दोस्ती भले ही बाद मे हुआ हो! लेकिन वह बहुत ही जल्दी हमारा एक अच्छा दोस्त हो गया था! उससे पहले भी कई दोस्त हमदोनों के बने लेकिन राजीव कि तरह कोई नहीं था! वह भले ही दिमाग मे थोड़ा कम था लेकिन हर समेस्टर मे हमसे अधिक नंबर लाता था, इसका एक कारण यह भी था, जब शुर्वी कुछ भी हमे बताती थी, उसे वह बहुत ध्यान से सुनता था, और यही काम मैं और सुरेश नहीं करते थे|

उसके अंदर एक कमी थी, वह डरता बहुत था, इसी कारण से वह जब भी लेक्चर सुनने के लिए पीछे बैठता था, तो अपना सिर नीचे कर लेता, ताकि सर देख ना ले और कुछ पूछने ना लगे|

यही वजह थी! कि क्लास मे वो शुर्वी के अलावा किसी और लड़की से बात नहीं किया|

वो हमारे पास ही बैठता था लेकिन उससे उतनी बात नहीं होती थी, फिर भी बात होते होते उसने यह पता कर लिया था कि हम दोनों हास्टल मे ही रहते है साथ मे पीछे भी बैठते है, इसलिए उसने हमसे दोस्ती करनी चाही, वो इसलिये कि, उसने भी हास्टल मे रहने के लिए रूम अलाट करवा लिया था। लेकिन रैगिंग के डर से वह अपने चाचा के वहाँ से आता जाता था, जिसके लिए उसके चाचा उसको bike दिये थे।

दिल्ली जैसे शहर मे bike चलाने का मौका कौन खोना चाहेगा इसलिए हम दोनो ने राजीव से दोस्ती कर लिये थे।

एक दिन हम तीनों bike से जा रहे थे तभी राजीव हमसे पूछ लिया "अच्छा यह बताइये, हास्टल मे रैगिंग नहीं होता क्या" राजीव ने कहा ।

सुरेश ताव मे आते हुए कहा था "हमारे हास्टल मे रैगिंग, हो ही नहीं सकता" इस वक्त हम दोनों नहीं जानते थे कि राजीव हास्टल मे ही रहने वाला है।

"अच्छा, मैंने तो सुना था, कि यहा रैगिंग होता है" राजीव ने कहा।

"अरे नहीं सब अफवाह है! कौन लेगा हमारी रैगिंग, किसके अंदर है इतना दम" सुरेश ने कहा।

"अच्छा ऐसा है" राजीव ने यह कहते हुए bike रोक दिया क्योकि हम हास्टल आ गये थे।

"लगता है, अब मुझे भी हास्टल आ जाना चाहिए" राजीव ने कहा।

"मतलब तुम भी हास्टल मे ही रहते हो" सुरेश ने कहा।

"हाँ! वो मैं समान लाकर रख दिया हूँ, बस रैगिंग के डर से चाचा के वहाँ से आना जाना था" राजीव ने कहा।

"अच्छा कौन से रूम नंबर" सुरेश ने कहा।

"ninty seven" राजीव ने कहा।

"और हमारा एक सौ सत्ताईस रूम नंबर है" सुरेश ने कहा।

उसके बाद राजीव वहाँ से चला गया। और वो अगले ही दिन हास्टल रहने के लिए पहुँच गया| मजा तो तब आया जब राजीव के आने के तीसरे दिन ही रैगिंग हुआ, जिसमे हमे ग्यारह बजे रात मे, चड्डी पर इंग्लिश गाने पर, उस पेड़ के नीचे बने चबूतरे पर डांस कराया गया था|

इस तरह से राजीव के साथ दोस्ती हुई, और हम समय के साथ घनिष्ट दोस्त बन गए|

***

मैं अगले सुबह मामा के वहाँ से अपने घर के लिए चल दिया। वह भी बस द्वारा। मैं अब किसी से मिलना नहीं चाहता था। इसलिए वापस चला आया क्योकि उस वक्त राजीव कि वह बात याद आ रही थी, जो मुझे अब कभी नहीं पता चलने वाली थी। उसने मुझे एक घंटे पहले कॉल किया था, क्या बताने वाला था, जिसका पता अब मुझे कभी भी नहीं चलेगा|

जब मैं दिल्ली से वापस आ रहा था, तब उसने जो मुझे गले लगाया था, उसकी वो बांते और उसकी वो मुस्कान जो थी, क्या पता वो हमारी आखिरी मुलाक़ात थी|

***

Printed by Libri Plureos GmbH in Hamburg, Germany